Impressum

Das Werk, einschließlich aller seiner Teile, ist urheberrechtlich geschützt. Jede Verwertung außerhalb des Urheberrechtsgesetzes ist ohne Zustimmung der Hubert Krenn VerlagsgesmbH unzulässig und strafbar. Das gilt insbesondere für Vervielfältigungen, Übersetzungen, Mikroverfilmungen sowie die Einspeicherung und Verarbeitung in elektronischen Systemen. Die in diesem Buch veröffentlichten Ratschläge sind mit größter Sorgfalt vom Autor erarbeitet und geprüft worden. Eine Garantie kann jedoch nicht übernommen werden. Ebenso ist eine Haftung des Verlags und seiner Beauftragten für Personen-, Sach- oder Vermögensschäden ausgeschlossen. Jede gewerbliche Nutzung der Arbeiten und Entwürfe ist nur mit Genehmigung der Hubert Krenn VerlagsgesmbH gestattet.

Cover: Moritz Scharf
Grafische Gestaltung: Moritz Scharf
Recherchen und Texte: Sepp Wejwar
Lektorat: MMag. Alexander Sprung
Druck und Bindung: Druckerei Theiss GmbH, A-9431 St. Stefan

© Hubert Krenn VerlagsgesmbH 2013, Printed in EU 2013
www.hubertkrenn.at

ISBN: 978-3-99005-134-4

Sepp Wejwar

Vom Biersepp getestet

Große Biere

und großen

aus kleinen Brauereien

Mein Leben mit Craft-Bier

KRENN

Inhalt

I Mein Leben mit Craft-Bier

Vorwort 8

Lehrstunden am Hopfenboden 10
Riegele – Augsburger Herrenpils.................................14
Ottakringer – Gold Fassl Pils....................................15
Saphir – ein Star unter den Hopfensorten 15
Hopfen, die Seele des Biers 18

Der Wendepunkt 22
Was ist das überhaupt, ein Craft-Bier?...................... 25
Gusswerk – Weisses Nicobar 27
Was ist das, eine „Kleine Brauerei"?........................ 28

Kunsthandwerk Brauen 33
Bierwerkstatt Weitra – Hadmar Bio-Bier 35
Gusswerk – Dies Irae, Barley Wine 36

Holzklasse 38
Kostnotizen Holzfassgereifte Biere 40

Die Craft-Bier-Revolution 42
Schlenkerla – Aecht Schlenkerla Rauchbier......................50
Robinson's – Old Tom Chocolate.................................52
Wie entsteht die „Biervielfalt"?............................ 53

Der große Paradigmenwechsel im Bier 58
Aufwildern 59
Hirter – 1270 61
Sierra Nevada – Pale Ale 61
Propeller – Nachtflug 62

„Jedem das Seine" statt „Eines für Alle" 63

Kaltenhausener – Riesling-Style 64
Haandbryggeriet – Odins Tipple 73
Wild Dog – Gonzo...79

Mein Craftbier-Stand am Wiener Bierfest 80

Gratzer – Johann 82
„Putzfrauentests"... 98

II Die Einteilung der Biere.....102

Biersorten nach dem Codex, Überblick...................................110
Weitere Starkbier-Stile...115
Faszinierende Vielfalt 119
Bierstile, die vor allem in Deutschland gebraut werden............121
Dunkle deutsche Lagerbiere...122
Helle Lagerbiere..122
Angloamerikanische Bierstile...123
Trappistenbier...127

Missachtung in großem Stil........................... 129

Liebe Gastronomin, lieber Gastronom!...................................136

Die Berliner Biermeile –
ein Bärendienst am Bier.................................. 141

Mikkeller – Invasion Farmhouse IPA;
Bottled in Alaska with Brettanomyces 144

Empfohlene Kleinbrauereien.............................. 145

Biermanufaktur Korneuburg......................................145
Neufeldner Bier, die erste oberösterreichische BioBrauerei.......146
Stiegl 148
Kadlez 152
Brauerei Gratzer..153
Hofstetten: Aus Kübeln und aus dem Granit 154
Camba Bavaria...157
Camba – Stefan Dettl Lovebeer – Summer of Love 158
Camba – Burschenbier..159
Camba – Nelson Weiße..159
Camba – Amber Ale 160
Camba – Amber Love 160
Hofbräu Kaltenhausen 161
Handbrauerei Gerhard Forstner 162
Brauhaus Gusswerk..163

III Glanzlichter internationaler Braukultur 164

Birrificio del Ducato – Viaemilia (Italien) 164
Glückauf-Brauerei – Glückauf Bock Dunkel (Deutschland) 165
Birrificio del Ducato – Wedding Rauch (Italien) 166
Brauerei Gusswerk – Weizenguss (Österreich)...................................167
Mahrs Bräu Bamberg – Der Weisse Bock (Deutschland) 168
Firestone Walker Brewery – Pale 31 (USA) 169
Sierra Nevada – Pale Ale (USA) 169
Pelican Pub & Brewery – MacPelican's Wee Heavy (USA)................170
Grauballe Bryghus A/S – Honeygold (Dänemark) 171
Deschutes Brewery – Imperial Stout The Abyss 2012 Reserve (USA).172
Brouwerij de Ryck – Arend Tripel (Belgien)....................................173
Il Vicino Brewing Co –
Saint Bob's Bourbon Barrel Aged Imperial Stout (USA) 174
Schloss Eggenberg – Samichlaus (Österreich) 175
Brooklyn – East India Pale Ale (USA)..175
Amarcord – Ama Bionda (Italien) 176
Robinson's – Old Tom Chocolate (England) 176

I
Mein Leben mit Craft-Bier

Vorwort

Das vorliegende Buch unternimmt den Versuch, eine sehr persönliche Definition der Bedeutung des Begriffs „Craft-Bier" zu geben.

Craft-Bier ist also ein **Begriff**, der gar nicht einfach zu **begreifen** ist. Zur Auflockerung versuche ich es erst einmal mit dem Buchstabieren. Ich zähle hier jene wichtigen Eigenschaften auf, die es braucht, um ein Bier herzustellen, dass meiner Definition von C. R. A. F. T. gerecht wird.

Creativität (Innovationskraft = Der Mut und die Bereitschaft neue Wege zu gehen)

Radikalität (Kompromisslos „zu den Wurzeln[1]")

Abwechslung (Lust auf Vielfalt)

Feuer (Leidenschaft – vielleicht die wichtigste Voraussetzung?)

Talent (Inspiration. Viel mehr als „Können")

---

1   Radikal = Zu den Wurzeln von lateinisch „Radix", die Wurzel.

Im Zuge der Arbeiten an diesem Buch habe ich immer wieder überlegt, was überhaupt den Umstand, dass über so ein Sachthema gleich ein Buch geschrieben wird, rechtfertigt? Es gibt eine Überfülle an Informationen, Bierbeschreibungen, Fakten und Nachrichten im Web. Außerdem kann ein Buch zu diesem Thema nie auch nur annähernd vollständig werden, so es nicht viele tausend Seiten umfasst. Und das wäre auch wieder Unsinn, oder?

Letztlich blieb mir der sehr persönliche Zugang eines Menschen, der „im Bier" arbeitet und sich tagtäglich mit dem Thema beschäftigt. Persönlich, das heißt Subjektivität von vorne bis hinten. Genau so ist das Buch bitte auch zu lesen – und genau deshalb ist es hoffentlich für einen gewissen Kreis auch interessant.

Öffnen Sie eine Flasche Craft-Gebräu einer Brauerei Ihres Vertrauens. Und nähern Sie sich mit mir der vielschichtigen Bedeutung von „Craft-Bier". Viel Vergnügen und sehr zum Wohle.

Herzlichst

Der Biersepp im Sommer 2013

Lehrstunden am Hopfenboden

Für viele Wiener ist Ottakring der Mittelpunkt ihrer Heimatstadt und damit so etwas wie der Nabel der Welt. Es erscheint also logisch, dass die einzige Wiener Großbrauerei im 16. Hieb[2] angesiedelt ist. An einem kühlen Herbsttag des Zwölferjahres hatte sich dort ein kleiner, privater Kreis Bierinteressierter versammelt. Ich war dazu auserkoren, für die Gruppe eine fünfstündige Einführung in das Bier zu moderieren. Eine ziemliche Herausforderung, bei solch einem Riesenthema. Anwesend war auch der Inhaber einer online-Plattform, die Biere aus österreichischen Brauereien, hauptsächlich Microbrews, vermarktet. Der Kollege hatte eine Anzahl von Proben aus seinem Sortiment mitgebracht, er wollte unbedingt, dass wir sie im Rahmen der Schulung verkosten. Natürlich standen uns auch die Biere der Ottakringer Brauerei zur Verfügung, schließlich waren wir am Hopfenboden der Brauerei – Räumlichkeiten, die als angesagte „Event-Location" mehr als 300 Tage im Jahr ausgebucht sind. Der Nachmittag begann heiter und konzentriert zugleich. Ich trug Grundlagen vor: Woraus Bier besteht und in groben Zügen, wie es gemacht wird. Eines meiner Lieblingsthemen durfte ebenfalls nicht fehlen: „Die Einteilung der Biere". Ich war richtig in Fahrt und kam voller Emotion darauf zu sprechen, wie spannend die jüngsten Jahre „im Bier" sind, auf welche Art und Weise und wie rasant der Craft-Bier-Boom aus den USA die Bierwelt verändert und wie er schließlich auch auf Europa übergreift. Die Craft-Bier-Revolution hat längst bei uns – in Österreich und Deutschland – eingesetzt, die Bierlandschaft ist hier ebenfalls im Umbruch. Aber der USA-Boom lässt sich nicht eins zu eins in unsere Breiten übertragen. Ich trug also in gestrafften Bildern vor, wie sich die Craft-Bier-Revolution hierzulande und im Rest von Mitteleuropa auswirkt und entwickeln wird.

Es ist nie klug, über schäumendes Gebräu zu referieren, ohne ein paar gut gezapfte Gläser Bier auf den Tisch zu stellen. Zumal im herrlichen Ambiente einer Brauerei. Also wurde den TeilnehmerInnen nach ersten einführenden Worten Gold Fassl Pils kredenzt. Ein perfekter Einstieg! Tobias Frank, der kompetente und charismatische Braumeister vom Grund[3] und sein zweiter Braumeister Bernd Neunhöffer brauen ein straffes, klares, gut

---

2   *Hieb steht im Wienerischen für „Bezirk".*
3   *Der sechzehnte Bezirk (Ottakring) heißt im Wiener Volksmund „Der Grund".*

gehopftes Pils. Schon Michael Jackson – der Biergott hab' ihn selig und bitte nicht mit dem gleichnamigen, ebenfalls schon verstorbenen Sänger zu verwechseln – hatte einst gefordert, die Bezeichnung „Pilsener" ausschließlich gut gehopften Bieren vorzubehalten. Leider fanden und finden diese wahren Worte des ersten Bierpapstes und Pioniers des Malz-Journalismus – Jackson war auch Whisky-Experte – nicht überall Gehör. Um dieser These nachzuspüren braucht man sich nur, horribile dictu[4], ein paar deutsche Massenprodukte einzugießen[5]. Einige der in Deutschland „Fernsehbiere" genannten und in Mengen von jeweils vielen Millionen Hektolitern hergestellte Brauwaren laufen unter der Stilbezeichnung „Pils", sind aber für meine Begriffe bestenfalls unter „Helles" oder „Lager" einzuordnen.

Erlauben Sie mir eine Rückblende. FOCUS online hatte kurz vor der Fußball Europameisterschaft 2012 bei mir um ein Web-TV Interview angefragt. Thema: „Welches deutsches Bier ist das beste zur Euro[6]?". Die nette Redakteurin hatte mir telefonisch angekündigt, ein paar Biere einzukaufen. Meine Aufgabe sollte es dann sein, dies Gebräu vor laufender Kamera zu verkosten und zu kommentieren – natürlich „blind", also ohne zu wissen, um welches Bier es sich dabei handelt. Ob ich denn in den nächsten Tagen einmal in der bayerischen Landeshauptstadt wäre. In München nicht, antwortete ich, aber recht nahe. Der Biersepp hatte zum zweiten Mal[7] den Auftrag, beim VIP-Vorabend zum Hallertauer[8] Bierfest den Bayern ihr Bier zu erklären. Eine hohe Ehre für einen „Ösi" – und eine schöne Aufgabe. Nicht nur aufgrund der Doppelconference mit dem unvergleichlichen Stefan Stang[9], mit dem man sich rhetorische Bälle wunderbar und heiter zuwerfen kann. Auch weil jene Biere, die auf dem zweiten Hallertauer Bierfest präsentiert wurden (30 Brauereien mit ca. 60 Bieren), größtenteils wahre Köstlichkeiten sind, Craft-Bier vom Feinsten. Schade nur, dachte ich, dass sich so ein gutes Magazin wie der FOCUS nicht einfach für diese wunderbaren Biere und die vielen spannenden Brauereien interessieren kann. Schade, dass es nicht einfach um Bier gehen

---

4   Ein früher beliebtes Sprichwort. Es bedeutet in etwa: „Schrecklich, das zu sagen".
5   Man muss sie ja nicht wirklich trinken – Einfach daran riechen und nippen, der Forschung ein Opfer bringen.
6   Damit war die Fußball-Europameisterschaft 2012 gemeint.
7   und letzten Mal ... Der VIP-Abend wird 2014 nicht mehr sattfinden, Alexander Herzog wälzt neue Konzepte. Sie wissen ja: Abwechslung und Vielfalt!
8   Die bayerische Hallertau (auch „Holledau" genannt) ist das größte „zusammenhängende" Hopfenanbaugebiet der Welt. Sie liegt zirka 60 Kilometer nördlich von München – nahe Freising.
9   Stefan Stang ist Bierlobbyist und Geschäftsführer der Vereinigung „Private Brauer Bayerns".

kann, wenn es um Bier geht. Muss da der Fußball herhalten[10], damit das Bier interessant wird? Wäre es nicht schön, würde ein so gutes Medium nicht einfach Interesse an einem so spannenden, vielfältigen und berührenden Lebensmittel haben, anstatt den schenkelklopfenden Zugang (Hoho Bier, Hoho Fußball) zu wählen?

Was für ein großes Glück, dass die reizende FOCUS Redakteurin Susanne Schöppner zugestimmt hatte, nach Attenkirchen auf das Hallertauer Bierfest zu kommen. Zum ersten, weil ich an diesem Ort nicht alleine verkosten musste, sondern die dort ebenfalls tätige Biersommelière Birgit Rieber hinzuziehen durfte. Birgit hat ohnehin eine viel bessere Nase als ich. Das liegt nicht zuletzt an der traurigen Wahrheit, dass das olfaktorische[11] Sensorium mit dem Alter schwächer wird (Birgit ist deutlich jünger als ich). Außerdem haben Frauen einen besseren Geruchssinn als Männer. Dazu kommt: Die Biere aus den lokalen Brauereien haben uns schlicht und ergreifend den Hals gerettet. Hätten wir aus dem Sample der Redakteurin ein „Siegerbier" küren müssen, wäre es zu einem erheblichen Imageverlust für mich als Bier-Publizist und für die Biersommelière gekommen. Eigentlich hätten wir w.o. geben müssen. Aber der FOCUS gestattete uns, gleichsam in letzter Sekunde, die Hälfte der mitgebrachten Fernsehbiere durch feines Gebräu vom Hallertauer Bierfest zu ersetzen. Ich alarmierte Alexander Herzog, den famosen Pressemann und Organisator der Veranstaltung. Auf meine Bitte, rasch sechs unterschiedliche Biere zwecks Verkostung herbeizuzaubern, schoss er wie von der Tarantel gestochen zu ein paar Ständen und brachte Susanne mit zielsicherer Hand einige gute Flaschen. Darunter Biere von der Schönramer Brauerei, wo der treffliche Amerikaner Eric Toft braut, und von der Camba Bavaria, wie sich später beim „Aufdecken" herausstellte. Uns hat es nicht überrascht, dass alle Hallertauer Produkte qualitativ um Klassen über dem Niveau der von Susanne mitgebrachten Massenware lagen und somit mit Leichtigkeit den sensorischen Blindtest an erster bis sechster Stelle bestanden. Somit wurde die Attenkirchener Verkostung zu einem weiteren Nadelstich zugunsten der Craft-Bier-Rezeption. Außerdem war das Ganze für Birgit und mich eine interessante Erfahrung. Wir hatten schon viele Bierverkostungen absolviert, aber noch nie in einer solchen Anordnung. Ich gebe zu, meine Vorurteile waren

---

10 Ich sage das, obwohl ich Fußball liebe und sogar beruflich damit zu tun hatte.
11 olfaktorisch = den Geruchssinn betreffend.

ausgeprägt. Doch sie wurden noch deutlich übertroffen. Dass der Unterschied zwischen der Massenware und Craft-Bier – im Duft, im Antrunk, im Geschmack und im Nachtrunk – derartig groß ist, hatten wir bislang in dieser Deutlichkeit noch nicht erlebt[12].

Die Rückblende passt gut herein, denn sie hilft mir, den Unterschied zwischen der deutschen und der österreichischen Bierlandschaft zu beschreiben. Österreichische Biere, die in großen Mengen hergestellt werden, unterscheiden sich auch von feinen Edelbieren, ohne Zweifel. Das ist auch gar nicht anders denkbar. Alleine aufgrund des Zieles „Massentauglichkeit", einer wesentlichen Voraussetzung für den Vermarktungserfolg in der Breite, müssen Rezepte anders geschrieben werden, als für ausgefallenes Bier mit den sprichwörtlichen „Ecken und Kanten". Aber der Güte-Unterschied zwischen den meisten im Lebensmitteleinzelhandel österreichweit gelisteten Bieren alpenländischer Provenienz und seltenen Bierspezialitäten ist nie so groß, wie das deutsche Beispiel gezeigt hat. Nie habe ich bei einer Verkostung österreichischer Produkte einen so großen Qualitäts-Unterschied erlebt, wie an diesem sonnigen Juni-Samstag in der Holledau. Umso gravierender war für mich die Erfahrung in der Ottakringer Brauerei, von der ich vor der bayrischen Rückblende zu erzählen begonnen hatte. Sie hat meine Bierwelt gleich noch einmal auf den Kopf gestellt. Kehren wir also zurück nach Wien, Ottakring, auf den Hopfenboden und zu Michael Jacksons Postulat.

„Gut gehopft" bedeutet nicht „vordergründig bitter". Obwohl wir Hopheads[13] die Bittere im Bier lieben. Der Hopfenausdruck eines echten Pilsbieres sollte sich schon im fein-hopfigen Duft deutlich bemerkbar machen. Ein ‚gescheites'[14] Pils riecht nach edlen Hopfensorten, eine Qualitätsbrauerei verwendet vornehmlich oder ausschließlich Aromahopfen. Fragen Sie Hans Christian Bosch[15] oder Sebastian Priller-Riegele[16]. Die ausschließlich mit Aromahopfen erzeugten Pilsbiere Bosch Pils und

---

12 Das war im Grunde längst fällig. Man kostet meist ähnliche Biere – also etwa bernsteinfarbenes Hefeweizen aus privaten Brauereien. Unter solcherlei Gebräu befinden sich meist recht unterschiedliche Biere – aber die Attenkirchener Versuchsanordnung war interessant und ergab erhellende Erkenntnisse.
13 Hopheads (dt.: „Hopfenköpfe") Biergenießer, die es gern sehr hopfig, also durchaus auch „bitter" mögen.
14 Bier in die Kategorien „gescheit" oder „nicht gescheit" zu unterscheiden, ist auf Hochdeutsch vielleicht fragwürdig. Aber seitdem Ernst Hinterberger seinem Edmund Sackbauer (der Held der Serie „Ein echter Wiener geht nicht unter") den Spruch „Mei Bia is ned deppat!" auf den Leib geschrieben hat, für einen echten Wiener, wie der Biersepp einer ist, auf jeden Fall möglich.
15 Privatbrauerei Bosch Bierspezialitäten, Bad Laasphe.
16 Privatbrauerei Riegele, Augsburg

Riegele Augsburger Herrenpils gehören zu den besten deutschen Bieren dieses Stils, das Bosch ist etwas weicher und gefälliger, das Riegele kristallklar, trocken und kantig. Auch die Wahl-Ottakringer Tobias Frank und Bernd Neunhöffer (beide Braumeister sind gebürtige Deutsche) verwenden Aromahopfen.

Riegele – Augsburger Herrenpils

Aussehen: Helles Gold, weißer, feiner, sehr stabiler Schaum, glanzfein.

Duft: Zart nussiger Kern, dahinter feinfruchtige Noten, frisch und blumig, leichte Grapefruitnoten.

Antrunk: Angenehme Rezenz. Schön spritzig und frisch, kräftige Bittere.

Geschmack: Geschmeidiger, schlanker Körper, gepaart mit der alles überstrahlenden Bittere. Ausgeglichener

Malzkörper. Zuerst das Bier, dann der Hopfen.

Nachtrunk: Lange, mit einer merkbaren Bittere, sehr harmonisch. Schöner Ausklang. Herb, aber nicht nachhängend.

Ottakringer – Gold Fassl Pils

🍷 *Alkohol: 4,6 % Vol.*

🍷 *Stammwürze: 11,2 ° Plato*

Verkostungsnotiz: Strahlend klar, rein und frisch. Das ausgeprägte Hopfenaroma wirkt ziemlich elegant. Blütenaromen (ähnlich dem Duft einer blühenden Almwiese) mit einem Hauch Kiefernharz. Im Antrunk rezent, ja spritzig. Am Gaumen wirken die Hopfen-Töne auch als trockene, sehr feine Bittere, die lange anhält. Im Nachtrunk noch einmal Harz. Und florale Noten, die hauptsächlich an Rosen erinnern. Regt den Appetit an und ist schon deshalb vorzüglich als Aperitif geeignet.

Christian Pöpperl[17] verwendet für sein Stiegl Pils seit einiger Zeit „Saphir". Diese Hopfensorte wurde erst in diesem Jahrtausend zugelassen, sie erfreut sich großer Beliebtheit in der Craft-Bier-Szene.

Saphir – ein Star unter den Hopfensorten

Zwettler Saphir:

Ein Edelstein der Bierkultur

Von all den Jubelzahlen, die Zwettler am 18. Februar dieses Jahres veröffentlicht hat (Umsatzplus, zweistelliger Zuwachs in Wien …), gefällt uns eine besonders gut - zumal aus bierkultureller Sicht. Das Zwettler Saphir, ein betont gehopftes Premium-Pils, erlebte einen Zuwachs in der Höhe von 17,5 %.

Das ist ziemlich beachtlich und aus mehreren Gründen erfreulich. Es zeigt nämlich unter anderem, dass wertvolle Biere im Trend liegen. Die Geschichte des Premium Pilsbieres ist vor allem eines: eine Erfolgsgeschichte! Zwettler Saphir ist ein feines, elegantes Bier, das sich der Bräu Karl Schwarz vor wenigen Jahren selbst zu einem runden Geburtstag geschenkt hat. Er hatte die Idee im Andenken an jene Biere entwickelt, die er in seiner Studienzeit in Deutschland so

17   *Erster Braumeister der Stieglbrauerei zu Salzburg.*

gerne getrunken hatte: herbe schlanke norddeutsche Pilsbiere. Und es ist ganz typisch für ihn, dass er nicht einmal auf die Idee gekommen ist, einen seiner damaligen Lieblinge einfach nachzubrauen. Schwarz erteilte vielmehr den Auftrag, den Bierstil Pils neu zu interpretieren. Dem Zwettler Braumeister Heinz Wasner kam dabei die relativ junge Hopfensorte Saphir zupass. Die Aromasorte hat ein angenehmes Duftprofil und sie war damals noch nicht so intensiv eingesetzt. Der Aromahopfen Saphir hat vor allem einen nicht zu unterschätzenden Vorteil: den eines schönen Namens. (Siehe Kasten)

Ein Innovations-Konzept funktioniert nur dann, wenn es an allen Ecken und Enden passt. Schwächelt das Baby an einem Ende, so muss unbedingt nachgebessert werden, sonst dümpelt die neue Idee nur herum, bis sie widerwillig wieder vom Markt genommen wird. Produktqualität, Distributionsstärke und Kommunikation – so heißen die Spitzen des magischen Erfolgs-Dreiecks. Alle drei müssen scharf sein.

Winzer und Frauen

Eine bald nach der Einführung von Zwettler Saphir durchgeführte Marktuntersuchung hatte gezeigt, dass zwei Zielgruppen besonders auf das Premiumpils Zwettler Saphir abfahren: Frauen und Winzer. Auch das ist für die ganze Branche erfreulich. Zum einen falsifiziert es das Vorurteil „Frauen mögen keine Bittere". Ich behaupte: Frauen mögen keine grobe, kratzige Bittere, (wir Männer, die wir etwas von Bier zu verstehen glauben, übrigens auch nicht). Die Zielgruppe der Frauen liegt den Brauereien ja besonders am Herzen, weil sie eine der wenigen mächtigen ist, die einen Hoffnungsmarkt für Bier darstellen. Sogenannte „Frauenbiere" herzustellen, halten wir aber für verfehlt.

Weitere Biere mit Saphir:

- Schnaitl Maibock
- Propeller Nachtflug
- Schönramer Saphirbock

Günther Seeleitner[18], der Doyen der österreichischen Braumeisterszene, nimmt Naturhopfen für das Zipfer-Pils und Andreas Werner braut das legendäre Reininghaus Jahrgangspils mit Leutschacher Aromahopfen der Sorte Celeja.

Die Pilsbier-Beispiele stützen den Vergleich zwischen der deutschen und der österreichischen Brauereiszene. Die genannten ausgezeichneten deutschen Brauereien Bosch und Riegele sind mittelständische Privat-Brauereien, während Ottakringer und Stiegl zu den größten alpenländischen Privatbrauereien zählen. Die Marken Zipfer und Reininghaus gehören zur Brauunion. Sie steht im Besitz des niederländischen Heineken-Konzerns und hat knapp mehr als die Hälfte Anteil am österreichischen Biermarkt. Ein Umstand, der manchen Bierfreunden Sorgen bereitet. Aber spätestens seit Markus Liebl, dem Generaldirektor der Brauunion, der die Themen Vielfalt und Bierkultur zu Kernzielen des Konzerns zählt, konnten einige Skeptiker beruhigt werden. In der jüngsten Zeit sind kaum Marken oder Sorten der Brauunion gestrichen worden – sieht man von ein paar kleinen Bereinigungen ab. In der Alpenrepublik liefern eben auch die ganz Großen Qualität und Vielfalt.

Wir sind immer noch beim Gold Fassl Pils aus Ottakring und bei Michael Jacksons Forderung. Nicht nur im Duft, auch am Gaumen und im Nachtrunk hat beim Pils der Hopfen zu überwiegen, der Antrunk sollte idealer Weise eine kleine Hopfenexplosion bereiten. (Während sich beim österreichischen Märzen[19] Malznoten und Hopfentöne die Waage halten sollten). Selbstverständlich erwarten wir von einem „echtem Pils" dass es (deutlich) mehr als 25 Bittereinheiten[20] enthält. Der Hopfen liefert schließlich auch die Bittere – aber eben nicht nur. Die Alphasäure (der wichtigste Bittere-Lieferant) ist letztlich nur einer von tausenden Inhaltsstoffen, die in den winzigen, gelben Lupulin-Körnern[21] stecken. Andere dieser Stoffe sind zum Beispiel die verschiedenen Hopfenöle. Von solchen Ölen reichen Mikromengen, um feinen Duft ins Bier zu zaubern. Doch davon später mehr.

---

18 Braumeister zu Zipf und Kaltenhausen. Braut hier Biere der Marken Zipfer sowie Edelweiss und dort die Kaltenhausener Craft-Biere. Günther ist auch Präsident des Bundes Österreichischer Braumeister und Brauereitechniker.
19 Den – großen – Unterschied zwischen deutschem und österreichischem Märzen lesen Sie bitte in meinem Lieblingskapitel „Die Einteilung der Biere" ab Seite 102.
20 Was Bittereinheiten sind, lernen wir später kennen.
21 Lupulin-Körner ernten wir mit den weiblichen Dolden des Hopfens, sie sind weit kleiner als ein Stecknadelkopf und verstecken sich zwischen dem filigranen Grün der Dolde.

Hopfen, die Seele des Biers

Hopfen hat auf uns Menschen viele wohltuende Wirkungen.

Diese faszinierende Pflanze enthält mehr als 2.000 (!) meist gesundheitsfördernde Inhaltsstoffe, der Hopfen war nicht grundlos „Heilpflanze des Jahres 2007". Nur ein Beispiel: Der Inhaltsstoff Xanthohumol gilt als Wundermittel gegen vielerlei Beschwerden. Er zeigt Wirkung gegen Bakterien, Viren und den Malaria-Erreger, hemmt Entzündungen, hilft gegen Diabetes und wirkt sogar krebsvorbeugend. Amerikanische und deutsche Forschungen bestätigen diese Wirkung. Für den Biergeschmack sind andere Inhaltsstoffe relevant. Da ist zunächst die Alphasäure, der wir die angenehme Bittere verdanken. Die Hopfenöle hingegen bringen aromatische Noten ins Bier. Winzig kleine Mengen dieser Öle genügen – und das Bier duftet fein und würzig.

Mühlviertler Hopfen

Das Mühlviertel ist Österreichs größtes Hopfenanbaugebiet – und die Anbaufläche war einmal noch viel größer, fast zehnmal so groß wie heute. Im letzten Viertel des neunzehnten Jahrhunderts wurden 1.000 Hektar Hopfenfläche verzeichnet. Danach gingen die Flächen zurück, verschwanden sogar in den Wirren des 20. Jahrhunderts. 1939 mussten aufgrund eines Berliner Reichserlasses die letzten verbliebenen Hopfengärten, rund 32 Hektar, gerodet werden.

Als wieder Frieden herrschte, wagte man sich im Mühlviertel an einen Hopfenanbau-Neubeginn, der von der österreichischen Brauwirtschaft sehr begrüßt wurde. So kam es zu langfristigen Abnahmeverträgen und im Jahr 1951 zur Gründung der Hopfenbaugenossenschaft, die 1996 in die Erzeugergemeinschaft für Mühlviertler und Waldviertler Hopfen mündete. 1980 wurde eine Anlage zur Herstellung von Pellets errichtet. Fast alle namhaften Brauereien verwenden heute Hopfenpellets zum Würzen des Bieres. Sie werden in vakuumierten Aromaschutz-Paketen gelagert. Mithilfe dieser Technologie können die meisten Inhaltsstoffe bis zum Einsatz bewahrt werden. Gegenwärtig bewirtschaften die Mitglieder der Mühlviertler Erzeugergemeinschaft eine Fläche von 150 Hektar. Die Jahres-Hopfenproduktion beträgt dort durchschnittlich 230 Tonnen.

Das Hopfen-Terroir

Hopfen wird im Mühlviertel auf einer Seehöhe von 350 bis 650 Metern über Granit und Gneis kultiviert. Die besten Bodenarten für einen Hopfengarten sind kalkarm und bestehen aus sandigem Lehm, Lehm oder lehmigem Sand. **Humulus Lupulus** gedeiht am besten auf Südostlagen mit niedriger Humusauflage und geringer Wasserspeicherung. Das Mühlviertler Klima ist von einem langen und rauen Winter geprägt, dem ein kurzer Frühling, ein heißer Sommer und meist ein schöner Herbst folgen. Das Temperaturmittel ist in den vergangenen 50 Jahren leicht gestiegen. Die Jahres-Niederschlagsmenge liegt bei durchschnittlich 830 Millimetern. Die Witterung des Mühlviertels in der Hopfenvegetationszeit, also von Mai bis August, ist für den Anbau der Hanfpflanze bestens geeignet: Viel reiner Sonnenschein, ausreichend Regen und starke Schwankungen zwischen Tages- und Nachttemperaturen begünstigen das rasante Wachstum der Triebe und Dolden. Die Landwirte können sich über stabile Erträge freuen, auch in den heißen, trockenen Jahren gedeiht der Hopfen im Mühlviertel.

Der Braumeister der Braucommune in Freistadt, Johannes Leitner, setzt zum Würzen des Freistädter Junghopfenpils eine Mischung aus mehreren Hopfensorten ein. Eine davon ist der traditionsreiche Golding.

Golding

Eine der im Mühlviertel angebauten Aromahopfensorten ist der Golding. Sein Geschmacksprofil ist fein und angenehm, eher dezent als spektakulär. Er wird wegen seines delikaten, leicht würzigen Aromas geschätzt. Golding-Noten kann man dem klassischen Hopfen-Aromen-Spektrum zuordnen (sie erinnern nicht etwa auffällig an Südfrüchte, wie manche amerikanische Flavour-Hopfen-Sorten). Golding spielt auch im slowenischen Hopfenanbau eine bedeutende Rolle. Dort heißt die Sorte „Savinjski Golding" oder „Sannthaler". Golding gehört zu den früher ausreifenden Hopfenarten und erbringt in guten Jahren bis zu 1.700 Kilogramm Dolden pro Hektar.

Golding-Dolden sind mittelmäßig kompakt, eher klein, der Konus ist relativ schmal. Der Lupulin-Anteil ist moderat, sichtbare Anteile sind hellgelb. Der Alphasäure-Anteil liegt zumeist zwischen 3,5 und 6 Prozent. Golding enthält höchstens ein Prozent Hopfenölanteil. Die Sorte wird auf der ganzen Welt und für viele verschiedene Bierstile eingesetzt. Golding wird sowohl in Ales als auch in Lager- oder Pilsbieren geschätzt.

Das Freistädter Junghopfenpils

Anno 2009 wurde in Freistadt wieder einmal Pionierarbeit geleistet. Ein erster Sud Junghopfenpils wurde eingebraut. Die geniale Idee der Brauer des Vereins „Bierviertel" bestand darin, wertvolle flüchtige Hopfenöle bis in das Bier zu bringen. Normalerweise ist ein Gutteil dieser wunderbar duftenden Substanzen für das Bier verloren. 2009 wurde pflückfrischer Hopfen vom Feld geholt und unmittelbar nach Eintreffen mittels riesiger „Teebeutel" in den Sud eingebracht. Ungetrocknete Dolden muss man wenige Stunden nach der Ernte verarbeiten, sie enthalten viel Feuchtigkeit und würden schon nach Stunden schimmeln oder faulen. Also musste für den großen Moment im Sudhaus alles bereitstehen. Ein Braurezept, das man nur einmal im Jahr praktizieren und nicht lange vorausplanen kann.[22]

Neue Technik zum Bewahren der aromatischen Öle

Also suchten die Brauer aus Freistadt eine neue, bessere Technik. Man setzte sich zum Ziel, das Geschmacksprofil des Junghopfenpils, das über drei Jahre immer wieder neu eingebraut worden war, auch mittels anderer Technologien zu erreichen. Denn das neue Junghopfenpils sollte auf einem Weg erreicht werden, der ganzjährig beschritten werden kann. Diese Aufgabe wurde erstmals für das Einbrauen des Bieres zur Landesausstellung 2013 gelöst. Man verwendete Doldenhopfen, der gleich nach der Ernte im August 2012 zu siebzig Dekagramm leichten „Paketen" verarbeitet worden war. Der

---

22 Für die Bestimmung des Zeitpunktes der Hopfenernte ist nämlich größte Sensibilität vonnöten. Würde man zu früh ernten, so wären die Inhaltsstoffe noch nicht ausgereift. Eine zu späte Ernte kann den Totalverlust bedeuten, wenn sich die Dolden zu weit öffnen, fallen die Lupulin-Körner heraus. Nur sie enthalten die wertvollen Inhaltsstoffe. Ohne die kleinen gelben Körner ist der Hopfen für das Brauen ungeeignet. Selbst routinierte Bauern wissen erst wenige Tage vor der Ernte, wann genau sie die Ranken einholen können.

Technologiepartner BrauKon hat für das Sudhaus ein Gerät namens „HopBag" für die Hopfengabe entwickelt. Er trägt dazu bei, die aromatischen und flüchtigen Öle bis in das Bier zu bringen.

Im Freistädter Junghopfenpils steht nicht die ebenfalls aus dem Hopfen erzielbare Bittere im Vordergrund, vielmehr will man hier die fantastischen Aromen, die uns das grüne Gold liefern kann, möglichst „komplett" bis in das Bier bringen. Aromen, auf die Biergenießer sonst meistens verzichten müssen, weil Hopfenöle stark flüchtig sind. Die Junghopfenpils-Technologie zeigt, dass es schwierig, aber nicht unmöglich ist, das Beste aus dem Hopfen herauszuholen. Wer vom Landesausstellungsbier 2013 gekostet hat, weiß jedoch: Alle „Kopfstände" haben sich gelohnt. Das Junghopfenpils ist hocharomatisch und extrem fein. Genauso, wie es sich für ein gutes Pils gehört – Michael Jackson hätte seine Freude daran gehabt.

Wahrscheinlich war ich auch gerade an diesem Punkt angelangt, an jenem Herbstnachmittag am Hopfen(!)-Boden. Hätte ich damals auch so kräftig extemporiert, wie hier im Buch, wäre mein kleines Auditorium schon beim je fünften Pils angelangt. Das wäre auch kein großes Problem gewesen. Denn ich behaupte: Es gibt nichts, was einen Vortrag über Hopfen besser unterstützt als ein feines Pils. Angloamerikanophile Freunde der Craft-Bier-Revolution werden an dieser Stelle aufgeregt drei Buchstaben in den Raum schleudern: Ein „I", ein „P" und ein „A"[23]. Aber, aber, Freunde! Wir sind immer noch in Mitteleuropa. Genauer: im Zentrum Mitteleuropas, Ottakring. Hier ist Pils zuhause und das IPA ein Bier mit Migrationshintergrund.

In unserem kleinen Teach-In waren wir gerade bei den Rohstoffen angelangt, hatten gerade über Malz und das Mälzen gesprochen, als das Auditorium schon wieder ausgetrunken hatte. Folglich öffneten wir die ersten jener Biere, die der Kollege von der online-Biervertriebs-Plattform mitgebracht hatte. Und damit begann die Misere[24].

---

23 *IPA = India Pale Ale, ein heute wieder sehr beliebter angloamerikanischer Bierstil. Siehe … na klar, „Die Einteilung der Biere".*
24 *Und ich bin nach vielen Seiten endlich dort, wo ich seit der ersten Zeile hinwill.*

Der Wendepunkt

Die Verkostung am Hopfenboden war so etwas wie die Antithese zu jener in Attenkirchen. Eine um 180 Grad verkehrte Welt! Während dort, in der Holledau, alles Craft-Gebräu um Eckhäuser besser war als die Biere aus den großen Brauereien, mussten wir in Ottakring erleben, wie schwach die vom Kollegen mitgebrachten Biere aus den kleinen Brauereien waren – vor allem im direkten Vergleich mit den Ottakringer und Gold Fassl Bieren[25]. Unter den Proben der online-Plattform waren nur vereinzelt fehlerfreie Produkte. Mein Auditorium roch an den Flüssigkeiten, wie ich ihm geheißen – Stirnrunzeln.

Es gelang mir zwar, die Situation zu retten, indem ich mich schlagfertig bei dem Kollegen für „das Mitbringen von Bierfehler-Anschauungsmaterial" bedankte. Aber ich war erschüttert. Von „Nasser Pappe[26]" über „Gemüsegeruch[27]"bis hin zu dem satten Essigstich[28], den ein India Pale Ale einer kleinen Brauerei aus dem Süden Österreichs[29] verströmte, war alles vertreten. „Natürlich" wurden wir auch mit Diacetyl konfrontiert. Dieser Stoff vermittelt einen „Duft", der an den Geruch frischer Butter erinnert. Diacetylgeruch tritt im Bier auf, wenn die Gärung nicht optimal verlaufen ist. Diacetyl entsteht während jeder Bier-Gärung, der Gärverlauf sollte jedoch so gestaltet werden, dass die im fertigen Bier verbleibende Diacetyl-Menge unter den Wahrnehmungsschwellenwert fällt. Dann – und wenn auch sonst keine Bierfehler auftreten – riecht das Bier „sauber". Bitte seien Sie, verehrte Leserin und Sie, geschätzter Leser, ganz entspannt. Selbst ein noch so massiv nach Butter riechendes Bier ist für die Gesundheit völlig ungefährlich. Nur halt nicht für die Ästhetik. Zu Recht mag kaum jemand diesen Geruch und in Wahrheit gehört er nicht ins Bier. Zumindest nicht in ein österreichisches oder deutsches. Aus einem tschechischen Bier darf ruhig ein wenig Diacetyl herausduften, es gehört sogar zum Charakter des tschechischen Pils, etwas buttrig zu riechen. Die Protagonisten von Pilsner

---

25 Die neue Markenpolitik am Grund unterscheidet zwischen Ottakringer (Helles, Pur) und Gold Fassl Bieren (Pils, Spezial, Pur, Zwickl, Rotes Zwickl und Dunkles).

26 Bierfehler, der auf Oxydation zurückzuführen ist.

27 DMS, also Dimethylsulfid – zurückzuführen auf schlecht gekochte Bierwürze.

28 Milchsäure- und Essigsäurebakterien haben in der Brauerei ihr Unwesen getrieben.

29 Ich habe diesen Eindruck später mit zwei kompetenten Kollegen besprochen, weil ich mir selbst nicht glauben wollte. Ein IPA aus dieser Brauerei und so ein Essigstich? Dabei erfuhr ich, dass beide Biersommelier-Kollegen nach jeweiliger Verkostung des betreffenden Produktes – an unterschiedlichen Orten und zu unterschiedlichen Zeiten – exakt dieselbe Wahrnehmung hatten.

Urquell[30] haben auf der Braukunst live[31] immer wieder auf diesen Umstand hingewiesen, obwohl ich, offen gestanden, kaum das Buttrige aus dem sonst ziemlich guten Bier herausgerochen habe. Vielleicht offenbart sich hier bei mir bereits ein – altersbedingt? – erhöhter Wahrnehmungsschwellenwert. Vielleicht ist aber auch das Buttrige im Urquell inzwischen eher mehr ein Teil der fantastischen Pilsener Legende. Dem Produkt schadet der feine, für mich saubere Duft keineswegs, im Gegenteil. Denn der Bierstil „Tschechisches Pils" unterscheidet sich noch in anderen Faktoren vom österreichischen beziehungsweise deutschen. Sehen Sie, geschätzte LeserInnen, schon haben Sie Ihre nächste Lektion in Bierstilkunde gelernt: Pils und Pils ist beileibe nicht dasselbe.

Warum so viel über Bierfehler schon im zweiten Kapitel eines Buches, das Sie zu differenziertem Biergenuss und zu einem Höherschätzen schäumenden Gebräus verführen soll? Ganz einfach, weil die Verkostung in Ottakring für mich ein Wendepunkt war. Auch für dieses Buch. Aber nicht nur. Ich war bis zu diesem Herbsttag in Ottakring gelegentlich der Verlockung erlegen, Biere aus kleinen Brauereien aus Sympathie für die „Kleinen" höher einzuschätzen als das Gebräu der Großen. Doch meine Studien und Verkostungen haben, zusätzlich befeuert durch den Eindruck dieses Herbstnachmittages, gezeigt, dass in Österreich die Uhren anders gehen. Man muss es einfach so sehen, wie es ist:

Große Biere kommen, speziell in der Alpenrepublik, sowohl aus kleinen als auch aus großen Brauereien.

Insbesondere der Mittelstand liefert herausragende Qualitäten, wie etwa die neun „Culturbrauer"[32] immer wieder unter Beweis stellen. Qualität und Vielfalt ist hier wie da und dort zu finden – eigentlich eine wunderbare Situation. Doch wer bewertet die Biere? Das ist ein mehr als heikles Thema.

---

30 *Eine engagierte Marke aus Tschechien. Dort gibt es einige überaus leidenschaftliche und kompetente Bierleute, auch wenn Pilsner Urquell zu einem der ganz großen Bierkonzerne, SAB Miller, gehört.*

31 *Über dieses Bier-Degustations-Festival werden wir noch einiges erfahren.*

32 *Vereinigung Österreichischer Mittelstandsbrauereien mit Fokus auf Vielfalt und Qualität. Die Mitglieder, von West über Ost nach Süd: Mohrenbräu (Dornbirn, Vorarlberg); Zillertal Bier (Zell am Ziller, Tirol); Trumer Bier (Obertrum, Salzburg); Schloss Eggenberg (Vorchdorf, Oberösterreich); Braucommune in Freistadt (Freistadt, Oberösterreich); Schremser Bier (Schrems, Niederösterreich); Zwettler Bier (Zwettl, Niederösterreich); Murauer Bier (Murau, Steiermark); Hirter Bier (Hirt, Kärnten).*

Der Wendepunkt war somit auch der Neubeginn meiner Arbeit an diesem Buch. Ich hatte das Roh-Manuskript damals bereits fertig geschrieben. Doch im Eindruck dieser Erkenntnisse gab es nur mehr eines: „Zurück zum Start". Zum Glück ist Hubert Krenn ein – zumindest mit mir – geduldiger Verleger. Er hat sowohl die Herausgabe des Buches zwei Mal verschoben, als auch dem neuen Konzept zugestimmt. Anstelle einer Art „Katalog österreichischer Microbreweries" – im Grunde ohnehin eine furchtbar langweilige Idee, für die ich mich im Nachhinein geniere – beschlossen wir, diesen sehr persönlich gehaltenen Text zum Bier in Deutschland und Österreich und zum aktuellen Craft-Bier-Boom vorzulegen. Gut so, denn in den vergangenen Monaten, speziell seit dem ursprünglich geplanten Erscheinungstermin, hat sich in der Bierszene gewaltig viel getan.

Die wesentliche Erkenntnis der Verkostung in Ottakring war: Die besten und saubersten Biere des Nachmittags kamen aus der gastgebenden Brauerei. Ottakringer Helles, Pur und alle Gold Fassl Biere waren blitzsauber, was man leider von den Bieren der Microbrews nur in einigen Ausnahmefällen sagen konnte. Klein allein ist also noch lange nicht „oho", obwohl ich zu jenen gehöre, die liebend gerne auf der Seite der Kleinen[33] stehen. Aber auch der Umkehrschluss wäre nicht korrekt: „Groß" ist natürlich ebenfalls nicht einfach mit „gut" gleichzusetzen, auch wenn es gerade in Österreich einige große Biere aus großen Brauereien gibt.

Doch was ist schon „groß"? Stiegl, die mit Abstand größte österreichische Privatbrauerei, stößt die stolze Zahl von einer Million Hektoliter Bier per anno aus. Samuel Adams, ein Pionier der Craft- Brewer Szene in den USA erzeugt mittlerweile rund 3 Millionen Hektoliter pro Jahr, wie auch die Craft-Protze Sierra Nevada, Kalifornien (966.007 Barrels pro Jahr) und Brooklyn Brewery, New York (176.000 Barrels pro Jahr). Die wohl bedeutendste Botschaft dieses Buches lautet deshalb: Schauen Sie auf Vielfalt und Qualität und nicht auf die Größe der Brauerei. Schauen Sie darauf, ob es sich bei dem Gebräu um ein Bier handelt, das dem Craft-Bier-Gedanken[34] gerecht wird. Achten Sie darauf, ein Bier mit Charakter im Glas zu haben.

---

33   Ich bin z.B. Fan des Wiener Sportklubs, eines Fußballvereins, dessen bessere Tage schon ein paar Jahrzehnte zurück liegen.
34   Siehe Seite 8

Was ist das überhaupt, ein Craft-Bier?

Eine Annäherung an den Begriff in Stichworten

- Wörtlich übersetzt bedeutet Craft Beer in etwa „handgebrautes Bier".
- „Craft" steht im amerikanischen für Handwerk, Gewerbe, aber auch Kunsthandwerk.
- Das Wort ist eine Verkürzung des Wortes „handcraft" – Handwerk etc.
- Eine Übersetzung des Begriffs „Craft Beer" ins Deutsche existiert nicht.
- Im Deutschen wird allerdings „Craft-Bier", eine Mischung aus englischer und deutscher Sprache verwendet.
- „Craft Beer" bezeichnet auch eine internationale Bewegung.
- Man versteht unter handgebrautem Bier tatsächlich etwas anderes, als unter „Craft Beer".
- Was man „eigentlich" unter „Craft Beer" versteht, welche Sorten, Produktionsweisen, Stile mit diesem Begriff verbunden werden, wird schon seit Jahren heftig diskutiert.
- Die Bedienung der Anlage (ob manuell oder automatisch) erscheint nicht wesentlich für die Bedeutung des Begriffes „Craft Beer" oder „Craft-Bier".
- Es verdichten sich eher die Anzeichen, unter dem Begriff „Craft-Bier" betont und wertvoll gebraute Biere zu verstehen, die deutlich vom bierigen Mainstream abweichen.
- Die Größe der Brauerei scheint nicht wesentlich dafür zu sein, um ein Bier „Craft-Bier" zu nennen.
- In den USA gibt es Brauereien, die sich selbstverständlich zur Craft-Beer-Szene zählen und viele hunderttausend Hektoliter Jahresausstoß produzieren.
- Die Lautkette [kra:ftbi:r] lässt sich angenehm aussprechen.
- Das Wort ist zurzeit positiv belegt.
- Folglich werden auch große Industriebetriebe nach Wegen suchen, ihre (oder einige ihrer) Produkte unter Craft-Bier anzubieten.
- Eine der wichtigsten Unterschiede besteht aus der Leidenschaft zum Bier und zum Brauen. Wer die nicht in ausreichendem Maße besitzt, kann kein Craft-Bier brauen.

Auf der anderen Seite gibt es österreichische Brauer wie Reini Barta[35], Gerhard Forstner[36] und Peter Krammer[37]. Hinzu kommen Bernhard Bugelmüller[38] und Alois Gratzer[39]. Sie alle sind sicher nicht beleidigt, wenn ich ihre Betriebe zu den kleinen Brauereien zähle – in punkto Vielfalt und Qualität gehören sie zu den großen. Und zu den engagiertesten. Sie sollten einmal in den Genuss von Bartas wüst flackerndem Blick kommen, wenn er zum Beispiel von seiner Wiederentdeckung des Strisselspalter[40] Hopfens berichtet, den er für das Einbrauen seines „Weißen IPA" verwendet hat. Mit diesem Bier hat Barta einen neuen Stil mitgeprägt. Das stark gehopfte Weißbier „Nicobar" ist entfernt verwandt mit der „Schneider-Brooklyn Weißen"[41], einer Bierlegende, gebraut von Hans Peter Drexler[42] und Garrett Oliver[43]. Dieses Bier wird seit ein paar Lenzen unter „TAP 5 Meine Hopfenweiße" vermarktet. Dieses fantastische Bier hat auch tüchtig Umdrehungen[44] (8,2 % Vol. Alkohol). Sie finden es seit Jahren auf der Feuerberg Bierkarte.

---

35 Diplom Biersommelier, Bräu und Brau; Brauhaus Gusswerk, Hof bei Salzburg.
36 Bräu und Brau; Gerhard Forstner, Kalsdorf bei Graz (Steiermark).
37 Diplom Biersommelier und Bräu; Brauerei Hofstetten, Sankt Martin im Mühlkreis (Oberösterreich).
38 Diplom Biersommelier, Bräu und Brau; Biermanufaktur Korneuburg (Niederösterreich).
39 Diplom Biersommelier, Bräu und Brau; Brauerei Gratzer, Kaindorf (Steiermark).
40 Eine seltene Aromahopfensorte, die vor allem im Elsass kultiviert wird.
41 Eine legendäre Koproduktion „Über den großen Teich" der beiden Brauereien Schneider Weisse (Kelheim, Bayern) und Brooklyn (New York, USA).
42 Hans Peter Drexler ist seit Jahren Braumeister der fantastischen Brauerei Schneider Weisse in Kelheim an der Donau (Bayern)
43 Garrett Oliver ist der vielleicht glamouröseste Braumeister unserer Tage. Ihm gehört die Brooklyn Brewery; er ist auch Herausgeber des „Oxford Companion To Beer", dem zurzeit besten Nachschlagewerks in Sachen Gebrautes (in englischer Sprache).
44 Jargon für den Alkoholgehalt eines Bieres.

Gusswerk – Weisses Nicobar

Österreichs erstes „Weißes India Pale Ale" stammt aus dem Brauhaus Gusswerk. Angenehme Zitrus-Bananennote, Aromen von Gewürznelke, Sommerblumen. Markante Hopfentöne, goldgelbe Farbe, ... Für das „Weisse Nicobar I.P.A." hat Reini Barta eine im Verschwinden begriffene Hopfensorte aus dem Elsass eingesetzt: den Strisselspalter Hopfen. Barta: „Das feine Aroma und die Eleganz dieser ursprünglichen Sorte hat mich begeistert. Man muss diesen Hopfen erleben: Unglaublich, welche Geschmacksintensität in den Rohstoffen unserer Vorfahren steckt".

Ein Bier für die Sommerzeit. Passt gut zu gegrilltem hellen Fleisch, zu Salaten, als Aperitif oder einfach als spritzig-fruchtiges Genussbier zum Sonnenuntergang.

- Seit Frühjahr 2013 auf dem Markt
- Weisses Nicobar IPA,
- Flasche 330ml
- Alk. 6,4% Vol.,
- 14,8° Stammwürze,
- Preis bei Erscheinen: € 1,95

Gerhard Forstner ist einer der kreativsten Köpfe der österreichischen Bierszene. In seiner kleinen Brauerei in Kalsdorf bei Graz stellt er die aberwitzigsten Kreszenzen her, darunter einen „Brew-Secco" (ein versektetes Bier) und den Barley-Wine[45] „5 vor zwölf". Ich schätze den guten Mann sehr, nicht nur aufgrund seiner Biere. Auch weil er seinen eigenen Schädel hat. Von Gerhard kann man nicht behaupten, er würde sich bei den Journalisten oder bei seinen Kunden anbiedern. Sein Handeln kann durchaus so weit gehen, dass er einen Abnehmer oder Verstärker mit einer Aktion „überrascht", die man unter „mäßig absatzfördernd" schubladisieren könnte. Eigentlich ein feiner Zug in unserer Zeit, in der so viele vordergründig auf ihr „Image" bedacht sind und auf gute „Public Relations". Forstner ist auch in dieser Hinsicht ein wohltuender Gegenpol zu so manchem Microbrew, das mehr scheint als „ist". Ich kenne Kleinbrauereien, die über ein teures Logo, hervorragende Imagebilder, eine ausgezeichnete Website,

---

45   Siehe „Die Einteilung der Biere".

großartige Newsletter und einen brillant gestalteten Facebook-Auftritt verfügen. Auf diese Weise stellen sie, sagen wir es höflich, das eigene Sortiment ziemlich „schmeichelhaft" dar. Gerhards Website ist mäßig userfreundlich, vom Design her altmodisch. Seine Etiketten sind gewöhnungsbedürftig und sein persönliches Auftreten kantig. Aber seine Biere sind großartig: Innovativ, verrückt – im besten Sinne – und ausgezeichnet eingebraut. Ich bin seit langem ein bekennender Fan der Forstner Biere und ihres Schöpfers.

Dem von mir ebenfalls hochgeschätzten Peter Krammer habe ich ein eigenes Kapitel gewidmet[46].

Was ist das, eine „Kleine Brauerei"?

Kleine Brauereien, Microbrews, was ist das genau? Darauf gibt es nicht nur *eine* Antwort, sondern eine heterogene Vielfalt an Brauereitypen. In Österreich und Deutschland gibt es Gasthausbrauereien, Kleinbrauereien, Brau-Bauernhöfe, Versuchsbrauereien, Hotelbrauereien, Hausbrauereien, und die Heim- und Hobbybrauer. Wir kennen einen „Feuerwehrbrauer", der nur einmal im Monat zum Bierverkauf aufsperrt, den Brauverein, der seine Mitglieder und deren Angehörige versorgt sowie die Hobbybrauerei in der Küche, die wenige Hektoliter erzeugt, aber dennoch für ihre Biere Anerkennungspreise en Masse gewinnt.

In Deutschland, speziell in Bayern respektive Franken, finden wir eine Brauereivielfalt vor, wie sonst nirgendwo auf der Welt. Es gibt in Franken sogar eine Gemeinde mit vier Brauereien auf 1.400 Einwohner. Das ist für die Gemeinde Aufseß laut Buch der Rekorde die größte Brauereidichte der Welt. Im Ortsteil Sachsendorf wirkt die Brauerei Stadter, in Hochstahl die Brauerei Reichhold, am Heckenhof das berühmte Kathi Bräu und schließlich finden wir noch Aufsesser Bier in Aufseß.

46 *Lesen Sie bitte ab Seite 156.*

Aufseß – 1.400 Einwohner, vier Brauereien

Aufsesser Brauerei | Im Tal 70b | 91347 Aufseß
www.aufsesser.de

Brauereigasthof Reichold | Hochstahl 24 | 91347 Aufseß
www.reichold.de

Brauereigaststätte Kathi-Bräu | Heckenhof 1 | 91347 Aufseß
http://kathi.brauereien.bierland-oberfranken.de

Brauerei-Gasthof Stadter | Hauptstraße 26 | 91347 Sachsendorf
www.brauerei-stadter.de | www.braulehrer.de

Vielfalt bedeutet in diesen Regionen oft eine Vielzahl von Herstellern, die ähnliche Bierstile erzeugen. Zahlreiche dieser „kleinen" Brauereien (eine gängige Größenordnung ist ein Jahresausstoß zwischen 1.000 und 3.000 Hektoliter per anno) stellen zwei bis drei Haussorten her – ein fränkisch Dunkel und ein Helles, eventuell vielleicht mal ein Pils. In der Fränkischen Schweiz kann man einer herrlichen Freizeitbeschäftigung frönen: Dem Brauereiwandern. Bei den meisten dieser Brauereien bekommt man feine Biere, Gebräu, das man innovativen Bierstilen zurechnen könnte, ist noch relativ dünn gesät. Das muss kein Nachteil sein. Auch diese traditionelle Bierkultur der „Kleinen" ist faszinierend und bietet „Stoff für viele Leben"[47]. Die Szenerie der Klein- und Kleinstbrauereien ist bunt und vielfältig. Und es gibt mehrere Gründe, warum eine Brauerei klein ist:

Sie ist NOCH nicht groß, der (oder die) Besitzer plant jedoch Erweiterungen.

Nicht jeder Brauer stellt seinen Fünfjahresplan unter das Motto „Small is beautiful". Es gibt hier und dort Ansätze, die klein beginnen, jedoch auf ein größeres Stück des Marktanteilskuchens spitzen. Diese Brauereispezies ist jedoch eher selten zu finden. Die Camba Bavaria (Truchtlaching) ist ein gutes Beispiel für rasantes Wachstum – ohne

---

47   Anleihe beim Titel der schönen Autobiografie des Leo Malet.

Qualitätsverlust. 2014 baut die Camba gemeinsam mit dem Schwesternunternehmen BrauKon eine 10.000 m² große Halle. Dort werden ab Ende 2014 in einer zweiten, größeren Brauerei die gängigeren Sorten hergestellt.

Erst Ende 2012 wurde mit dem Giesinger Bräu die „zweitgrößte Münchener Privatbrauerei" neu vorgestellt. Es besteht auch dort bestimmt kein Interesse, winzig klein zu bleiben. Das ist schon aus der mit Augenzwinkern geäußerten Positionierung abzulesen. Die Leute vom relativ kleinen Giesinger Bräu wollen damit darauf hinweisen, dass es in München keine bedeutende Privatbrauerei mehr gibt, sieht man einmal vom Augustiner-Bräu ab. Alle anderen großen und bekannten Biermarken von Paulaner über Löwenbräu oder Hacker Pschorr gehören zu ganz großen, internationalen Braukonzernen.

Der Besitzer will seinen Betrieb überschaubar halten und selber auch auf Sicht „von Hand" brauen.

Das ist schon öfters der Fall. Manche Braumeister sind aus dem sorgenden Schoß eines Großbetriebs geflüchtet, um ihr Glück in der Selbständigkeit zu versuchen. In persönlichen Gesprächen dringen durch die Freude über Freiheit und Kreativität aber auch immer wieder Sorgen um die Finanzierbarkeit und die raue Wirklichkeit des Marktes durch. Wer eine gute Balance zwischen Bierqualität und Wirtschaftlichkeit gefunden hat, wird im Bier sein Glück machen.

Es handelt sich um eine Versuchsbrauerei oder eine Craft-Bier-Anlage eines großen Brauhauses

Ein Modell, dem wir in den kommenden Jahren öfters begegnen werden. Bereits jetzt unterhalten einige große und mittelständische Brauereien neben ihrem großen Sudwerk noch ein feines kleines. Die dort entstehenden Biere liefern einen wichtigen Beitrag zur heimischen Bierkultur. Denn dieses Modell kombiniert seltene oder ausgefallene Biere mit der Distributionskraft großer Marken. Genau aus diesem Grund werden solche Brauereien von manchen „echten" Kleinbrauereien mit Argusaugen beobachtet oder sogar missbilligt. Wir finden jedoch keinen Grund, in diese Skepsis einzustimmen, wenn wir Braumeister wie Christian Pöpperl und Markus Trinker

(Stiegl), Günther Seeleitner (u.a. Zipfer aber auch Kaltenhausen), Raimund Linzer (Hirter) oder Ralf Freitag (Mohren) persönlich begegnen. Sie alle brauen (nicht nur – aber auch) auf diesen kleinen Anlagen Biere, die größtenteils exzellent ausfallen. Wenn wir ihre Kompetenz, ihr Können und ihre Begeisterung für das Bier erleben, dann kommen nicht die geringsten Zweifel auf: das sind Männer mit einer enormen Leidenschaft für das Bier.

Bitburger betreibt seit 1991 eine Versuchsbrauerei, die 2013 auf „Craft-Werk" umgetauft wurde. Mohren (Dornbirn) eröffnete im Sommer 2013 eine Craft-Brewery zusätzlich zur großen Anlage, Tröegs (Harrisburg, PA; USA) bestellte nach 9 Jahren Bierherstellung bereits eine zweite Brauerei und zwar so, dass es sich beim Lieferumfang eigentlich um zwei Brauanlagen gehandelt hat. Denn ein Microbrew wurde innerhalb der Brauerei aufgestellt. Ottakringer plant schon seit einiger Zeit, eine 5 Hektoliter Anlage anzuschaffen. Sie soll sowohl für Craft-Biere als auch für Veranstaltungen eingesetzt werden (etwa für eine Hochzeitsgesellschaft. Das Brautpaar kommt ein paar Wochen vor der Eheschließung nach Ottakring, um Bier für die Hochzeit einzubrauen).

Es handelt sich um eine Gasthaus-, Restaurant-, Hotel-, Schiffs- oder Bauernhofbrauerei

Es gibt natürlich auch Bierwerkstätten, die ausschließlich oder vornehmlich die eigenen Gäste versorgen. „Über die Gasse" werden Biere, wenn überhaupt, so nur in handgefüllten „Syphons" verkauft. Viele Brauereien dieses Typs erzeugen ein bis zwei relativ verbreitete Bierstile, etwa „Helles" und „Dunkles"[48] und eine etwas ausgefallenere Bierspezialität. Der Fokus liegt bei zahlreichen Gasthausbrauereien also weniger auf Kreativität und Biervielfalt, als auf bieriger Autarkie gepaart mit dem Flair des besonderen, nur „hier" erhältlichen Gebräus. Viele dieser Biere schmecken genauso, wie sie geplant wurden: mehrheitstauglich. Auf diese Weise entsteht bei den Restaurant- oder Gasthausgästen kein Mangel, kein dringender Bedarf nach

---

48 *Hier sind nicht alle hellen und alle dunklen Bier gemeint sondern Bierstile. Es gibt tatsächlich zwei Stile, die so heißen – „Helles" (zu dem auch Bayrisch Hell gehört und das in die Familie der Lagerbiere zu rechnen ist) oder „Dunkles Bier", ein österreichischer, malzbetonter, oft ziemlich restsüßer Bierstil.*

bierigen Alternativen „normalen"[49] Zuschnitts. Ich nenne diese Gruppe der Gasthaus- Restaurant- Hotel-, Schiffs- und Bauernhofbrauereien in diesem Buch der Einfachheit halber zusammenfassend „Gasthausbrauereien". Man kann Kleinbrauereien auch grob in zwei Typen einteilen, die sich stark voneinander unterscheiden. Typ A strotzt vor Kreativität – man führt die Brauerei, um Erfindergeist und Innovationskraft ausleben zu können. Kein internationaler Bierstil ist aus-, eigene Entwürfe und Neuschöpfungen hingegen immer eingeschlossen. Typ B hat den Absatz integriert. Etwa als Gasthausbrauerei oder aufgrund eines starken regionalen Bezugs. Solche Brauereien erzeugen als Hauptsorte oft einen sehr gängigen Bierstil, etwa „Märzen" (in Österreich), beziehungsweise „Pils", „Helles" oder „Weißbier[50]" (In Deutschland).

---

49 Eigentlich sollte man das Wort „normal" im Zusammenhang mit Bier nicht verwenden. Wenn ich ein Bier bestelle und der Kellner fragt zurück: „Ein Normales", antworte ich meist: „Was ist schon normal?". Wir vermeiden den umgangssprachlich durchaus gängigen Begriff „normales" Bier, weil wir den Menschen beibringen wollen, dass Bier die mit großem Abstand vielfältigste Getränkefamilie der Welt ist.

50 Das ist natürlich kein Stil, sondern eine Stilfamilie – siehe „Die Einteilung der Biere".

Kunsthandwerk Brauen

Ich bin überzeugt davon, dass man das Brauen unter die Handwerkskünste reihen muss. Um ein gutes Bier zu brauen, bedarf es nämlich mehr als „nur" technisches Können. Man kann die Arbeit eines Braumeisters – und der wenigen, aber zum Glück in größerer Zahl nachwachsenden Braumeisterinnen – ohne Weiteres mit der eines Künstlers vergleichen. Auch der bekannte Satz vom Verhältnis Transpiration zu Inspiration, das für den Erfolg eines Künstlers ausschlaggebend sein mag, kann in die Braukunst übernommen werden. Beim Künstler überrascht es, beim Brauer geht man davon aus, dass er hin und wieder tüchtig ins Schwitzen kommt, was schon alleine an den Sudhaustemperaturen liegen kann. Entscheidend ist aber letztlich nicht die Frage, ob ein Brauer oder eine Brauerin tüchtig transpiriert oder das Handwerk gut gelernt hat, sondern die Inspiration, also das Talent. Das, was einem Menschen in die Wiege gelegt wird. Das, was man sich weder auf der Walz, noch aus Büchern oder durch Abschauen aneignen kann. Ob ein Bier gut oder fantastisch ist, darüber entscheidet das Talent des Braumeisters, der Braumeisterin. Ich durfte das des Öfteren live beobachten. Einmal bei meinem Freund Hans Christian Bosch. Er führt die Familienbrauerei Bosch-Bierspezialitäten in Bad Laasphe (Deutschland, Sauerland) in der elften Generation, durch seine Adern strömt also gelbes Blut. Als wir an unserem gemeinsamen Projekt „Propeller" herumgetüftelt hatten, wählten wir eines unserer Lieblingsbiere als „Benchmark". Christian versprach feixend, es an Güte noch zu übertreffen. Wenige Wochen später trafen wir wieder zusammen, der Bräu hatte sein neues Gebräu dabei – umwerfend auf Anhieb. Und tatsächlich weit besser als das „Vorbild". Christian besitzt die Gabe, sich ein Bier vorzustellen, dann ein Rezept zu schreiben und es schließlich in seinem schmucken Sudhaus einzubrauen – genau so, wie er es sich vorgestellt hat. Schon beim ersten Mal. Der Nachtflug hat es bewiesen.

Die Braumeister[51] sind für mich die Stars der Bierszene. Bei allem Respekt vor den Inhabern, den Bräus[52] – und man muss vor fast allen Bräus einen ziemlichen Respekt haben, das können Sie mir glauben. Aber mit den Braumeistern verhält es sich ähnlich wie mit den Köchen in den

---

51   Ein Braumeister wird im Jargon „Brau" genannt, …
52   … ein Brauereibesitzer „Bräu".

Spitzenrestaurants. So wie diese Chefs ihren Besitzern die Hauben oder Sterne erkochen, so erkochen die Braumeister und Braumeisterinnen mit ihren Suden den Brauereien ihre Reputation.

Einem fantastischen Bier ist es also egal, ob es aus einer kleinen, mittleren oder großen Brauerei kommt. Es will von einem exzellenten Brau gemacht sein. Mit dem entsprechenden Talent kann man sogar auf dem Küchenherd mit ein paar Kochtöpfen erstklassiges Bier brauen. So wie Roman Stainko, im Zivilberuf Mathematiker, der seinen Herd zu „Nerd" (-Bier) umfunktionierte und unter dieser Marke bei den Staatsmeisterschaften der Klein- und Hausbrauer anno 2011 Edelmetall nur so abräumte. Nebenbei hat der Mann auch noch Humor. Seine Biere trugen äußerst kreative Namen, etwa: „Das Imperium schlägt zurück".

Manchmal haben bedeutende Brauertalente Lust, die Größenordnung zu wechseln. So wie Christian Pöpperl, der seine Familienbrauerei in Weitra verkauft hat – sie ist beim Inhaber von Zwettler Bier, Karl Schwarz, in den besten Händen, sagt Pöpperl selbst. Heute ist er erster Braumeister der Stieglbrauerei zu Salzburg, im Rang eines Geschäftsführers und mit seinem Kreativbraumeister[53] Markus Trinker zusammen für allerlei Craft-Bier Innovationen verantwortlich, wie wir noch sehen werden. Und für mehr als eine Million Hektoliter Bier pro Jahr, anstatt nur für ein paar tausend. Sicher keine schlechte Entscheidung. Große Biere kommen heute aus beiden Brauereien. Aus der großen, Stiegl, und der kleinen, Weitra. Denn auch Heinz Wasner, der Brau in Zwettl und Weitra und sein Bräu Karl Schwarz gehören zu den Lichtgestalten der österreichischen Bierszene. Ich sage nur Hadmar Bio Bier[54] oder Zwettler Saphir[55].

---

53 Bei Stiegl heißt der „Zweite Braumeister" „Kreativbraumeister", was kein Euphemismus ist, sondern vor allem daher rührt, dass derselbe für die Kreativbrauerei zuständig ist, also Verantwortung für die Hausbiere trägt.
54 Eine bernsteinfarbene Spezialität, die in Weitra eingebraut wird.
55 ab Seite 15

Bierwerkstatt Weitra – Hadmar Bio-Bier

Die bernsteinfarbene Spezialität aus Weitra glänzt changierend: Da ist der frische, rezente Antrunk. Dort ist der weiche, volle Körper. Hier sind die feinen Aromen des Hopfens, da ist die Röstmalz-Pointe im Nachtrunk. Österreichs beliebtestes Bio-Bier.

Ausgesprochen mild. Die Brauwerkstatt sagt, das würde durch die, mittlerweile seltene, Gärung im offenen Bottich erreicht. Benannt ist das Bio-Bier nach dem Begründer der Kuenringerstädte Weitra und Zwettl, Hadmar II.

- *12,5° Stammwürze*
- *5,2 % Vol. Alkohol*

Inhaber kleiner und mittelständischer Brauereien sind oft Brau und Bräu (also Braumeister und Brauherr) in einem. Zusätzlich zum Gespür für das Bier ist dann auch ein Talent für die Vermarktung hilfreich. Reini Barta gehört zu den wenigen, dessen Talent in beiden Bereichen ziemlich ausgeprägt ist. Der mittlerweile emeritierte Braumeister eines recht großen Marktbegleiters hat mich einmal fast zornig gefragt: „Sag, wie macht des der Barta, der ist so oft in der Zeitung!?" Ich habe ihm geantwortet, dass das ganz einfach ist. Er gehört zu den ganz wenigen, die gute Biere brauen und sich ernsthaft und engagiert um Öffentlichkeitsarbeit bemühen. Tatsächlich erheitert Barta uns immer wieder mit abgefahrenen Videos, in denen er einmal dem lieben Gott Bier schickt oder ein anderes Mal einen Ratingspezialisten (von ihm selbst gespielt) Selbstmord begehen lässt – weil „Der Barta" Österreich das „Triple A[56] zurückgegeben hat", gerade jetzt, wo es dem Land gerade aberkannt worden sei.

Diese Vermarktungsgags sind deshalb so fein, weil auch Bartas Biere, die er damit bewirbt, gut, oft sogar großartig sind. Ich erinnere mich gut an eine vorweihnachtliche, bewertende Blindverkostung für bier.pur, die in der Schwechater Brauerei abgehalten wurde. Andreas Urban, auch „Mister Hophead"[57] genannt, hatte eine größere Anzahl Supernasen aus dem Mitarbeiterpool der Brau Union eingeladen, aktiv an der Degustation teilzunehmen. Einstimmige Begeisterung und „Platin" für Bartas „Dies Irae"

---

56 *Bartas Marke für sein Austrian Amber Ale*
57 *Ich war so frei, für Dr. Andreas Urban, dem Schwechater Brau, diesen Kolumnisten-Namen zu erfinden. Das war nicht schwer, weil er sich ständig selbst als Hophead bezeichnet hat. Das „Mister", auf dem er nun selbst gern herumreitet, war meine respektvolle Zugabe. Ach ja: Mister Hophead schreibt seit der ersten Ausgabe für „mein" bier.pur seine kritische Kolumne.*

– diesen wahnsinnig guten Barley Wine[58]. Da soll noch jemand sagen, die Konzernleute hätten keinen Respekt vor den Geschöpfen eines Microbrews. Grund genug für mich, das Starkbier auf das Cover von bier.pur 1/2012 zu bringen.

Gusswerk – Dies Irae, Barley Wine

- *Alkohol 10,9 % Vol.*
- *Optik: dunkles Braun, leuchtend.*
- *Geruch: gewagt, getreidig, Zitrusaromen und Kräuter, intensive dunkle Schokoladennote*
- *Antrunk: viel Schmelz, kraftvoll, dominante Säure, delikat und spannend.*
- *Geschmack: hopfige Note, extrem vielschichtig. Ein Kommentar aus der Runde: „Da geht mein Herz auf!"*
- *Nachtrunk: ewig – „Der traut sich was"*
- *Gesamteindruck: ein lässiges, charakterstarkes Bier, mit dem ich gerne einen Abend verbringe.*
- *Bewertung: Platin (mehr geht nicht).*

Die Bierbranche ist durch einen harten Wettbewerb am Markt gekennzeichnet, Finanzkraft und Distributionsstärke (Depots, ein gut geschulter Außendienst) der „Großen" setzen den „Kleinen" ziemlich zu. Doch unter den Brautechnikern und besonders den Braumeistern herrscht ein Zusammenhalt, der die Grenzen der Konkurrenz immer wieder überwindet. Man freut sich nicht über ein technisches Gebrechen des Marktbegleiters, im Gegenteil, man hilft sich sogar, selbst wenn die Verkaufsteams derselben Betriebe miteinander dauernd im Infight liegen. Ich halte das für eine wertvolle Errungenschaft, etwas menschlich sehr Hochstehendes. Der Brau einer bedeutenden Brauerei erzählte mir jüngst die folgende, erfreuliche Geschichte. Eine Reinvestition in seiner Füllerei stand dringend an, für mehrere Wochen musste das Füllen in einem fremden Betrieb organisiert werden. Man überlegte hin und her, welche Brauerei man ansprechen könnte. Aus den Reihen der Vertriebsleute kam die Prämisse: Am besten eine, die nicht in unmittelbarem härtesten Wettbewerb steht und dennoch groß

---

58   *Was das ist finden Sie … erraten! Unter „Die Einteilung der Biere" ab Seite 102*

genug ist, um die Menge zu bewältigen. Leicht gesagt, schwer zu finden – da die Brauerei mit der zu renovierenden Füllanlage selbst weite Kreise beliefert, musste man mit sehr weiten Transportwegen rechnen. Hin und retour. Der Braumeister wählte kurzerhand einen anderen Weg. Er griff zum Hörer und rief seinen Kollegen beim schärfsten und nahe gelegenen Mitbewerber an. Der versprach sofort, seine Geschäftsleitung um Erlaubnis für die Kollegenhilfe zu bitten. Und siehe da: Das Bier wurde für einige Wochen beim härtesten Konkurrenten abgefüllt. Eine, zumal in der heutigen Zeit, unglaubliche Geschichte. Ich höre immer wieder schöne Geschichten zur Kollegenhilfe unter Braumeistern. Ich gestehe offen: Ich liebe die Gespräche mit den Braumeistern, den Stars der Bierbranche. Und es erfüllt mich mit dem allergrößten Stolz, dass man mich 2012 als ordentliches Mitglied[59] in den Bund Österreichischer Braumeister und Brauereitechniker aufgenommen hat.

---

59 Ich bin leider kein Braumeister. Aber zum Glück war in den Statuten des Bunds Österreichischer Braumeister und Brauereitechniker auch für Exemplare wie mich eine Möglichkeit vorgesehen, als ordentliches Mitglied aufgenommen zu werden.

Holzklasse

Was ist schon „Business", was „First" gegen die Holzklasse? Zumindest beim Bier entwickelt sich unter diesem Stichwort ein neues Top-Segment.

Die Oktobersonne wirft ein mildes Licht auf die Szene an der Alz an diesem Samstagnachmittag. Gut zwanzig gebrauchte Whiskyfässer stehen herum, dienen den Neugierigen als Ablagefläche für ihre mit kleinen Schlucken gefüllten Degustationsgläser. Nasen schnüffeln hinein, testen, was die Flüssigkeiten an olfaktorischen Sensationen hergeben. Die Herbstsonne wärmt von außen, der Kostschluck von innen – und Jeff Buckley die Seele: Sein Halleluja tönt aus den Lautsprechern, die am BrauKon Balkon angebracht sind. Ich kenne keinen Song, der besser zu dieser Stimmung gepasst hätte.

Götz Steinl, Diplom Biersommelier und bis vor kurzem Anzug tragender Top-Manager eines Weltbierkonzerns, steht im Camba-T-Shirt hinter seinem Tresen und schenkt Kostproben aus – stundenlang. Ich habe ihn selten so fröhlich gesehen, der Bierverrückte ist in seinem Element. Auch die anderen Führungskräfte der BrauKon legen bis spät am Abend Hand an. Sie zapfen, erklären, stoßen mit den Gästen an. Das ist der Geist, aus dem heraus sich Bierkultur erneuert.

Die öffentliche Camba Bier-Degustation wurde zum Brauereifest der anderen Art. Hochgradig Interessierte, die vieles in kleinen Mengen probierten und diskutierten und bis zur späten Stunde ansprechbar blieben, statt Menschenmassen, die Bier literweise in sich kübeln. Eine mutige Entscheidung, die sich schon beim ersten Mal voll ausgezahlt hatte. Das Wetter spielte im schönen Bayern mit. Dem Himmel sei Dank! Denn es gab keine Schlechtwetter-Ausweiche, kein Zelt, kein Regenbogen-Programm.

Zudem hatten zahlreiche Jurorinnen und Juroren des European Beer Star das Fest besucht. Ein Bus brachte mehr als 50 Bierexpertinnen und Bierexperten aus allen Kontinenten von Gräfelfing nach Truchtlaching und wieder retour. Später sah man mehrere Braumeister von Kollegenbrauereien, Bierblogger und Bierbuchautoren; das Hoffest der Camba wurde auch zum Treffen der Meinungsführer im Bier. Den Abschluss bildete ein heiterer Stammtisch. Dort wurde dann auch dem einen oder anderen Klassiker (15 Biere vom Fass!) zugesprochen. 2014 wird das Camba Oak Aged Bierfestival am 20. September stattfinden – am Hof der Camba z'Truchtling, mit „mindestens 30 Hobbybrauern".

Davon könnte ich aber keine Maß trinken!

Diese Phrase hört man sehr, sehr oft, wenn man edle Bierspezialitäten einem Publikum präsentiert, das mit einem herkömmlichen Bierverständnis gesegnet ist. Der Stehsatz „Davon könnte ich aber keine Maß trinken" hat ähnliche Qualitäten wie die Frage „Was kostet davon ein Liter?", wenn der Sommelier zum Dessert Château d'Yquem empfiehlt. Dennoch gehört es zu den Tugenden des Bierlehrers, auch darauf geduldig zu antworten. Und immer wieder zu erklären, dass solche Biere gerade dafür gemacht werden, schluckweise genossen zu werden. Ich pflege dann gern zu sagen, es gibt zwei Arten von Bieren: Solche, die man in geringen Mengen mit großer Aufmerksamkeit genießt und … andere.

Die wirtschaftliche Bedeutung von Nischenbieren

Biere, wie die Oak Aged Serie der Camba, sind in vielerlei Hinsicht für die Entwicklung der Bierkultur wichtig. Nicht nur, weil sie größtenteils fantastisch schmecken und zeigen, dass es auch Gebräu gibt, das zu den kulinarischen Spitzenprodukten zählt. Die Camba Holzklasse zeigt schon mit ihrer Aufmachung, 0,75 Liter Flasche, Naturkork und Agraffe, Wert. Ihr Preis, rund 25 Euro pro Bottel, trägt das Seine zur Wertanmutung bei. Derlei hebt den Wert des gesamten Segments.

Hochwertige Spitzenbiere sind Kommunikationslokomotiven. Für die einzelne Brauerei, für eine Region, für eine ganze Branche. Auch wenn die Mengen, in denen solche Biere verkauft werden, klein sind – und vermutlich auch bleiben werden. Ein Beispiel aus jüngsten Tagen zeigt, wie so etwas funktioniert:

Ein großer und wichtiger Gastronomiebetrieb stand kurz vor der Eröffnung. Der Direktor behielt sich die Bierentscheidung selbst vor und besuchte drei in der Region angesiedelte Brauereien. Der Satz „Ich habe nur ganz kurz Zeit" begleitete die Terminvereinbarungen. In einem Betrieb lud der

Braumeister den potenziellen Kunden in den Starkbierkeller. Ein Spitzengewächs wurde geöffnet, die Agraffe entfernt, der Kork gezogen und duftendes Bier in mundgeblasene Gläser geschenkt. Sie ahnen, wie die Geschichte endet? Richtig! Aus der „ganz kurzen Zeit" wurde ein langer Abend. Und ein neuer Kunde war gewonnen. Die Bierkultur hat den Ausschlag gegeben. Ein Bier, das nur in einer Miniauflage hergestellt worden war, hat allen anderen Produkten und vermutlich vielen Hektolitern den Weg geebnet.

Kostnotizen Holzfassgereifte Biere

Camba Bavaria Oak Aged heller Bock Moscatel

Helles Bernstein, Trübung, heller Schaum. Im Duft Hefe und die leichte Herbe einer frischen Meeresbrise. Leichtfüßig am Gaumen, harmonisch, der Ausklang ist lange, sanft und delikat.

Camba Bavaria Oak Aged heller Bock aus einem Fass vom Château d'Yquem

Helles Bernstein, deutliche Trübung, heller Schaum. Duft nach schwerem Süßwein, unterlegt mit einer Honignote. Harald Schieder: „Man riecht den Safran, ein Geruch, wie er für solche Süßweine typisch ist". Sehr elegant. Ausgeprägte Rezenz, gut spürbare Säure, der gesamte Körper ist säurebetont und schlank, leicht prickelnd. Birnenaroma. Schöne Länge. Köstlich.

Camba Bavaria heller Bock Portwein Oak Aged

Die Probe wurde leider von Trichlorsanisol („Korkgeschmack") beeinträchtigt. Die Portweinnote kommt dennoch durch, der „Korken" lüftete sich größtenteils aus.

Camba Bavaria Oak Aged Brown Ale, Sherryfass

Kräftiges Bernstein mit grünlichem Einschlag, naturtrüb. Weißer Schaum. Duft, der stark an frischen Traubenmost erinnert. Sehr angenehm am Gaumen, feine Rezenz. Karamellige Note, harmonisch. Das Brown Ale scheint mit dem Sherryfass besonders gut zu harmonieren. Im Nachtrunk weiße Schokolade, leichte Süße und eine ingwerartige Schärfe. Der Favorit des ausschenkenden Biersommeliers Götz Steinl.

Camba Bavaria Oak Age Imperial Stout im Cognak Fass

Dunkelbraune Farbe mit rötlichem Einschlag; cremefarbener Schaum. Kräftige Röstnote im Duft. Wenn man etwas turbuliert, duftet das Bier nach Kakaopulver. Die Röstnote riecht fast brenzlig, aber einladend. Am Gaumen präsent, fast laut. Kräftige Bittere, die fast in das Jodige geht. Die Bittere dominiert auf der Zunge. Auch hier kein mastiges Bier (trotz Intensität). Der Ausklang wird von der Bittere dominiert, dazu kommen rauchige Tabaknoten. Das Bier wirkt insgesamt sehr edel. Es ist ein perfektes Meditationsbier, sollte im großen Schwenker serviert werden und verträgt sicher eine kräftige Zigarre.

Camba Bavaria Oak Aged Dunkel

Im Vordergrund steht das Malzaroma, erst dahinter (und nach Turbulieren): zarte Vanilletöne. Mittlere Rezenz. Im Antrunk getreidig, am Gaumen geschmeidig. Weich, sauber, balanciert. Gute Länge.

Camba Bavaria Oak Aged Bock

Schöne Cognacfarbe, brau- ölige Konsistenz. Die Vanillearomen des Fasses kommen deutlich zum Tragen. Sehr fein in der Struktur, leichtes Mousseux, feingliedrig – die Haptik ist fantastisch. Schmeckt wie die gebrannte Schicht einer Crème brûlée. Dann Orangenschale, einfach wunderschön. Die Eleganz dominiert die feine Klinge.

Doppelbock im Bourbon Fass

Vanillezuckernoten, blütenartig, hocharomatisch, sehr sauber. Schönes Bernstein, schöner heller Schaum. Erinnert an Panna Cotta mit Orangenkonfitüre. Der Alkohol ist spürbar, aber nicht „brenzlig", sondern strukturell. Im Nachtrunk Kokos, „everlasting".

Die Craft-Bier-Revolution

Ein Prozess, durch den in wenigen Jahrzehnten fast 2000 (!) neue Brauereien in den USA entstanden sind, ist naturgemäß komplex und weit verzweigt. Ich unternehme für dieses Buch den ziemlich untauglichen Versuch, das Ganze auf wenige Sätze reduzieren.

Die Konzentration des amerikanischen Biermarktes in der Nachkriegszeit hatte zur Folge, dass wenige aber riesige Braugruppen entstanden, in denen der Shareholder-Value regierte. Es ging also vornehmlich um Gewinnzahlen. Das Produkt selbst wurde zum „Mittel zum Zweck" degradiert und dieser Zweck war Gewinnoptimierung. Das funktionierte gut und klappt auch heute noch. Aber die viel gepriesenen Mechanismen der Marktwirtschaft haben führten dazu, dass man den Fokus auch „im Bier" auf massentaugliche Produkte legte. Die Zielgruppen hat man leicht im Zentrum der Gauß'schen Normalverteilung gefunden. Dort, wo sich „die vielen Menschen" (© IKEA)[60] versammeln, also der Mainstream. Es ist wirtschaftlich natürlich weit günstiger, möglichst wenige Produkte, diese dafür aber in einer möglichst großen Auflage herzustellen. In den USA war mit dieser Entwicklung, zumindest vorläufig, das Ende der Biervielfalt eingeleitet. Im Jahr 1978 gab es nur noch 43 Braustätten im gesamten Gebiet der Vereinigten Staaten von Nordamerika.

Was kümmert Ziffernfuchser ein Nischenprodukt? Ein Nischenbier? Eines, das vielleicht großartig eingebraut sein mag, aber wenig zum Gewinn beiträgt oder vielleicht sogar (ich getraue mich kaum, es hinzuschreiben) Verluste einbringt[61]. Der Verfall der amerikanischen Bierkultur in der Mitte

---

60 Ich durfte 1989 im schwedischen Norrköping als IKEA-Österreich Marketingleiter an einer Strategiediskussion mit einigen Spitzenmanagern des Möbelkonzerns teilnehmen. Damals wurde der folgenschwere Beschluss gefasst, die Positionierung des Konzerns, vom „Rand" (der flippigen, innovativen, jungen, hippen Leute) in „die Mitte" zu verlagern. Dort eben, wo „die vielen Menschen" anzutreffen sind. (Detmangamänniskor = „Die vielen Menschen" ist ein Zitat vom IKEA Gründer Ingvar Kamprad – die Abkürzung IKEA bedeutet Ingvar Kamprad Elmtaryd, Agunnaryd – also Vorname, Nachname, Hofname („vulgo") und Ortsname des Gründers des schwedischen Einrichtungs-Weltkonzerns). Die Mitte, also der Mainstream, das ist der Ort, an dem viel größere Verdienstmöglichkeiten für einen Konzern bestehen. Das hatte in logischer Konsequenz auch den „Tod" des Elchs (natürlich nur des „Werbetieres") zur Folge. Das schlimmste daran: Es fiel in meinen Aufgabenbereich, den Elch in Österreich zu „erlegen" also eine Kampagne zu installieren, die fortan ohne den überaus beliebten Elch auskommt. Die meterhohe Riesenfigur eines Elches mit blauer Latzhose, die bis zu diesem folgenschweren Beschluss vor dem Vösendorfer Möbelhaus gestanden ist, haben wir aber nicht zerstört, sondern einem Kindergarten geschenkt.

61 Bitte lesen Sie dazu auch die Geschichte des Zwettler Saphir, die wir ab Seite 15 bringen. Karl Schwarz, der Zwettler Bräu, hatte dieses edle Bier mit negativer Gewinnerwartung geplant – zu Deutsch: er hat es gebraut, obwohl er damit gerechnet hat, dass es ein finanzieller Verlust sein könnte. Der Gewinn für die Bierkultur und damit für das Erscheinungsbild der Brauerei war natürlich einkalkuliert.

des zwanzigsten Jahrhunderts war nicht nur dem Schielen nach Mainstream und der kostenschonenden „Optimierung" der Produktpaletten geschuldet[62]. Der US-amerikanische Massengeschmack hatte dem Ganzen eine zusätzliche Dynamik verliehen. Es ist immer wieder erstaunlich, wie geschmacklos US-amerikanische Massenprodukte sind. Und offenbar sein müssen. Denn ihr „Food-Design" folgt ausgeklügelten Marketingprogrammen.

Die Folge dieser Entwicklung: In den nur mehr rund 40 Produktionsstätten für Bier wurden Flüssigkeiten hergestellt, denen ich das Kosewort „Bier" nicht freiwillig verleihen würde. Sie sind zwar auch aus Getreide, Wasser, Hefe und einer Mikromenge an Hopfen hergestellt, aber kann man zu solchen „Near-Water-Products" tatsächlich „Bier" sagen? Noch heute hört man in der Werbung für solcherlei Gesöff, dass man diese Produkte „eiskalt" trinken muss. Kein Wunder! Denn eine 5 Grad Celsius kalte Flüssigkeit ist eine massive Attacke auf die Geschmacksnerven. Derart vereist können die Papillen auf der Zunge und die Rezeptoren am Gaumen nichts mehr wahrnehmen. Der Alkohol tut seine Wirkung – und dass an Rohstoffen massiv gespart wurde, fällt mangels Geschmack (und auch mangels Geschmacksempfinden) nicht mehr auf.

Wäre es bei der ganzen Entwicklung nicht um Bier, diese zutiefst emotionalisierte Produktwelt, gegangen, sondern um „irgendein" Lebensmittel, etwa Gemüse oder Fleisch, so hätte das vielleicht wirklich das Ende der Biervielfalt in den USA bedeutet und keine Craft-Beer-Revolution hätte den gesamten Globus in bierigen Aufruhr gebracht. Doch man denke an die wunderbare Studie des mittlerweile emeritierten Münchener Universitätsprofessor Reicholf, mit dem ich noch zu seinen aktiven Zeiten ein Interview führen durfte. Die Quintessenz seiner Studie[63]: Die Menschheit sei aufgrund des Biers sesshaft geworden, da der Getreideanbau aufgrund der Herstellung des Ur-Bieres angestrebt worden war, und nicht etwa, um Brot zu backen. Man sieht also: Bier ist der Menschheit viel zu wichtig, um es verkommen zu lassen.

---

62 Das Ergebnis dieser Optimierung war die Reduzierung des Sortiments, im schlimmsten Fall bis auf eine einzige Biersorte.
63 Josef Reichholf: Warum die Menschheit sesshaft wurde. Das größte Rätsel unserer Geschichte, Fischer Taschenbuch Verlag

Kehren wir von den Anfängen zurück in die Gegenwart, zur Craft-Bier-Revolution. Man muss sich das vereinfacht so vorstellen: Neben den gigantischen Bierfabriken, von denen jede viele Millionen Hektoliter Ausstoß produzierten, entstanden auf einmal, zunächst sehr kleine, Brauereien, deren Inhaber ihren Fokus nicht auf Menge und Gewinnmaximierung legten. Auf einmal zählten Produktqualität und Vielfalt. Und natürlich: Spaß. Spaß an eigentümlichen Kreationen, an Individualität. Kein Wunder, dass diese neuen Brauer auch in ihren Erscheinungsbildern „jungen Wilden" glichen. USA-Kenner erzählen heute noch von wilden Typen, welche die Craft-Brewer-Conventions dominieren. Dort treiben sich langhaarige, muskelbepackte, über und über tätowierte Harley-Fahrer herum. Nicht als Besucher, nein, als Aussteller. So schauen die US-amerikanischen Craft-Brauer aus – zumindest einige von ihnen. Da macht sich vor meinem inneren Auge ein heiteres Bild breit, ich stelle mir das durchaus amüsant vor: Franz Inselkammer[64] oder Karl Stöhr[65] im dezent grau-grünen Loden neben einem solchen Brau-Wildling. Oder Heinrich Dieter Kiener[66] in seinem Salzburger Anzug, Schulter an Schulter mit „Fred Tattoo" samt Rockerkutte und blonden Federn[67] bis in die Kniekehlen. Welches „heitere Berufe-Raten" würde einem solchen Paar dieselbe Profession oder korrekter Weise sogar „dieselbe Berufung" zusprechen?

Auch als in der Wolle gefärbter Biermensch blicke ich gern über den Rand meines mit Hopfen und Malz gefüllten Tellers. Natürlich wünschte ich mir, dass auch bei anderen landwirtschaftlichen Erzeugnissen die Aspekte „Vielfalt" und „Qualität" wieder fröhliche Urständ' feiern mögen. Wenn man die im Sommer 2013 geführte Diskussion zur drohenden EU-Saatgut-Verordnung mitverfolgt, wird einem angst und bange. Wertvolle, natürliche Genpools und köstliche Lebensmittel sind in der allergrößten Gefahr. Erich Stekovics, der burgenländische Paradeiserpapst[68] und ehemalige Priesterseminarist, kündigte im Interview ein Martyrium an, für den Fall, dass die Saatgutverordnung in Kraft träte: Er würde lieber ins Gefängnis gehen, als seine mehr als tausend Sorten und Arten der köstlichen roten Frucht zu vernichten.

---

64 *Der Bräu von Aying*
65 *Der Bräu von Schloss Eggenberg im Salzkammergut, beide tragen eher dezente Tracht und Messerhaarschnitt, als wilde Mähnen und Rocker-Kutten.*
66 *Dieter Kiener, der Bräu von Stiegl zu Salzburg*
67 *Wienerisch für Haare, insbesondere für lange.*
68 *Auf der Suche nach dem ursprünglichen Geschmack der Tomaten sammelt Erich Stekovic seit 2002 alte Tomatensamen. 3200 verschiedene alte Sorten züchtet er auf seinen Feldern in Frauenkirchen am Neusiedler See.*

Ich verstehe ihn. Ich kann auch die Motive der LobbyistInnen der Saat-gutkonzerne „verstehen", wenn auch keinesfalls gutheißen. Sie wollen ihre Hybride[69] verkaufen. Was ich aber nicht verstehen kann und will, sind unsere politischen „Vertreter", die so etwas nicht nur zugelassen haben, sondern nun drauf und dran sind, unsere Natur – also die Basis unserer Gesundheit – weiter schwer zu schädigen.

Gut, dass die Craft-Bier-Revolution sich nicht nur auf Vielfalt und Quali-tät der Endprodukte beschränkt, sondern auch die Bier-Rohstoffe erfasst. Eigentlich logisch, denn eine erstklassige Qualität des Endproduktes ist ohne erstklassige Güte der Ausgangsstoffe nicht erzielbar. Einer der Pio-niere in Sachen Sicherung ausgezeichneter Rohstoffe ist eine Craft-Bier-Legende aus dem oberösterreichischen Mühlviertel, die Braucommune in Freistadt. Sie hat bereits vor mehr als einem Vierteljahrhundert ein (damals visionäres) Projekt umgesetzt: Die Sicherung der Versorgung mit bestem Braumalz.

Ist uns bewusst, dass Bier ein völlig natürliches Produkt aus landwirtschaft-lichen Erzeugnissen ist? Ein durch und durch natürliches Lebensmittel, das aus einigen wenigen agrarisch erzeugten Rohstoffen (plus Wasser und Hefe) hergestellt wird? Dass Bier, insbesondere Craft-Bier damit im Gegensatz zu vielen industriell erzeugten Lebensmitteln steht? Bier kommt ohne Hor-mone, gentechnisch veränderte Rohstoffe oder Geschmacksverstärker, sogenannte „E-Nummern", aus! Bauernfamilien tragen wesentlich zur Schönheit unserer Länder bei. Sie bereichern und bewahren Kultur und Natur. Eine harmonische Agrarlandschaft erscheint uns „selbstverständlich". Nur selten (wenn überhaupt) denken wir daran, welchen wertvollen Beitrag unsere Bauern zur Erhaltung unserer Kulturlandschaft leisten[70]. Darüber hinaus müssen Landwirte Entscheidungen treffen, die den wirtschaftlichen Erfolg ihres Hofes garantieren. Das ist eine nicht zu unterschätzende Gefahr für die Rohstoffversorgung unserer Brauereien, denn immer wieder bieten sich lukrative Alternativen zur Erzeugung von Braugerste an. Bis zum EU-Beitritt Österreichs gab es in der Alpenrepublik so etwas wie

---

69   Aus Hybridsaatgut erwächst eine Pflanze, der die Selbst-Reduplikation weggezüchtet worden ist. Zu Deutsch: Pflanzen aus Hybridsaatgut erzeugen Früchte, die nicht mehr zur Aussaat verwendet werden können. Eine aus meiner Sicht natur- und men-schenverachtende Idee.

70   Deshalb sollten wir in vielen Fällen anstatt „Förderungen" lieber „Leistungsabgeltung" zu jenen Geldern sagen, welche die Bauern aus den (z.B. EU-) Budgets bekommen.

einen „geschützten Markt" für Getreide. Danach kamen Übergangsfristen. Seit diese ausgelaufen sind, machen die Börsen den Preis.

Zur Erzeugergemeinschaft Zistersdorf („EGZ") gehören 300 Weinviertler Landwirte, die Getreide traditionell anbauen. Das ist aber nur möglich, wenn sie einen fairen Preis erzielen können. Sonst müsste die wirtschaftliche Vernunft siegen – andere Feldfrüchte würden den Getreideanbau verdrängen. Malz, das aus Braugerste gewonnen wird, liefert die Grundlage der Biererzeugung, es ist nicht weniger als „das Herz des Biers". Die Braucommune in Freistadt schloss frühzeitig und langfristig Verträge mit der Erzeugergemeinschaft Zistersdorf ab, um sich heimische Rohstoffe zu sichern. Die Freistädter lugten also nicht auf die Pariser Rohstoffbörse oder internationale Spot-Märkte, sie zahlten einen garantierten Preis. Durchaus im Bewusstsein, auf diese Weise etwas mehr Geld für Braugetreide hinzulegen.

Sind die Communarden deshalb schlechte Geschäftsleute? Keineswegs. Das unverborgene Kalkül spricht eher für ein „Weiterdenken". Weiter als bis zum Tellerrand der nächsten Bilanz. Jeder Cent, der für wertvolle österreichische Braugerste ausgegeben wird, ist bestens angelegt. Global vertriebene Biermarken investieren in aufwändige Fernsehkampagnen, die Freistädter stecken ihr Geld lieber in Rohstoffqualität und Nachhaltigkeit. Schon seit 25 Jahren verwendet die Braucommune in Freistadt ausschließlich heimische Rohstoffe. Gemeinsam mit der Murtaler Braugenossenschaft, (heute „Murauer Bier") hat man in den neunzehnachtziger Jahren die ersten, richtungsweisenden Verträge mit der Erzeugergemeinschaft Zistersdorf abgeschlossen. Dabei war der Wunsch, über gentechnikfreie Rohstoffe verfügen zu können, ein wesentlicher Antrieb (wie auch bei der Hefe).

Von der Zusammenarbeit mit der EGZ profitieren die Brauer, die Bauern und wir alle: Die Landwirte können Feldfrüchte anbauen, von denen sie überzeugt sind. Die Brauer bekommen Rohstoffe, an die sie glauben und wir alle profitieren von einer ausgezeichneten Bierqualität und von Bieren aus natürlichen Rohstoffen, vom Erhalt unserer Kulturlandschaft und von umweltschonender Praxis. Denn die Weinviertler Braugerste muss nur wenige Kilometer in die Mälzerei transportiert werden.

In ganz Europa geht der Getreideanbau massiv zurück. Mais in der Fruchtfolge schadet der Qualität der Braugerste. Die Zistersdorfer Bauern halten dagegen, unterstützt von Brauereien wie Freistädter und etwa Stiegl, die seit einigen Jahren ebenfalls intensiv mit der EGZ auf der Basis fairer Lieferverträge zusammen arbeiten. Und allen jenen, die dem Motto folgen: „Getreide darf kein Spekulationsobjekt sein!" Der Freistädter Braumeister und Diplom Biersommelier Johannes Leitner: „Mit zweitklassiger Gerste könnte ich einfach kein erstklassiges Bier brauen". Nicht nur er ist glücklich über die Verträge seiner Brauerei mit der Getreide Erzeugergemeinschaft Zistersdorf, auch wir können uns an einem reinen Craft-Bier erfreuen.

Darum sollten sich Bierkonsumentenvereinigungen kümmern

Die wilde Kluft symbolisiert bei so manchem US-Craft-Brewer den Willen zur Unabhängigkeit und seinen Mangel an Bereitschaft, sich mit angepassten Mainstream-Wässerchen zufrieden zu geben. Je mehr ich darüber nachdenke, desto besser gefällt mir das Bild. Es illustriert die hierzulande und in den USA höchst unterschiedlichen Voraussetzungen. In Österreich und Bayern hat es auch im vorigen Jahrhundert keine Bierwüste wie im Amerika der Neunzehnsiebziger gegeben. Aber auch in Deutschland und Österreich drohte eine Verarmung der Bierwelt. Die Vielfalt war auch bei uns in Gefahr und damit auch die Güte der Biere. Doch diese Gefahr konnte abgewendet werden, dabei haben sich einige unermüdliche Kämpfer „pro Bierkultur" ihre Meriten verdient. Darunter Mitlieder einer Konsumentenvereinigung namens „BierIG". Sie war nicht die einzige Organisation, die sich für dieses wichtige Thema stark gemacht hat. Aber ihr Beitrag ist nicht zu unterschätzen. Was mich jedoch immer gewundert hat, ist, dass die Organisation seit Jahren stagniert. Man ist dort nicht imstande, den nächsten Schritt zu denken oder zu gehen. Man hat sich, vor allem den Brauereien gegenüber, für die Biervielfalt stark gemacht und dabei gemeinsam mit anderen Gleichgesinnten einen schönen Erfolg erzielt. Vielfalt ist heute nicht infrage gestellt, sondern ein wichtiges Thema, auch bei den Vertretern der Brauereien. Liebl hat die Vielfalt mehrfach angesprochen und ihre Erhaltung, ja ihren Ausbau zu den wichtigsten Verbandszielen gezählt.

Ziel erreicht! Ich stelle die Daseinsberechtigung der BierIG auch heute keineswegs infrage, die Organisation selbst allerdings schon. Wichtige Exponenten haben in Artikeln kritisch hinterfragt, was für diese

Konsumentenorganisation überhaupt noch zu tun sei, jetzt, da die Biervielfalt auch in den öffentlichen, kameralistischen Biergremien Österreichs angekommen und gut verankert sei.

Ich habe schon vor einiger Zeit eine Antwort auf diese Existenzfrage geliefert und wiederhole sie gerne an dieser Stelle: Gerade einer Bier-Konsumenten-Organisation müsste es möglich sein, die Vielfalt – die wir nun einmal haben, man kann dem Biergott nicht genügend dafür danken – in die Breite zu tragen. Ich möchte den Biervielfalts-Erfolg und den Beitrag der BierIG nicht gering schätzen, im Gegenteil. Ich rufe jedoch die Mitglieder der BierIG, der als Gemeinschaft der Bierkonsumenten ganz gewiss der Craft-Bier-Gedanke besonders am Herzen liegt, dazu auf, sich auch für die Verbreitung dieses Gedankens bei den Distributoren einzusetzen. Es ist eine Sache, rund 70 gewerbliche Brauereien zum Nach- oder sogar Umdenken zu bringen. Einige heimische Brauereien sind bezüglich Vielfalt selbst mit gutem Beispiel vorausgegangen, etwa weil der Inhaber selbst ein Verfechter der gepflegten Bierkultur war. Es ist aber ungleich schwieriger, mehrere tausend Gastronomiebetriebe und den (Lebensmittel-) Handel dazu zu bewegen, diese Vielfalt auch zu vertreiben. Die Aufgabe ist lösbar. Aber sicher nicht ohne massive Aufklärung der KonsumentInnen. Solange die Nachfrage nach köstlichen, aber ausgefallenen Bierspezialitäten ein Nischenprogramm für eine auserlesene Minderheit bleibt, werden größere Vertriebsschienen nicht auf den „Vielfaltszug" aufspringen. Hier beißt sich die Katze in den Schwanz: Wie soll die Nachfrage in der Breite der BierfreundInnen geschürt werden, wenn die Mehrheit gar keine Ahnung von den feinen Produkten hat, welche die heimische Brauwirtschaft ohnehin längst herstellt? Es muss also die Aufgabe der BierIG und aller anderen Bierkonsumentenorganisationen sein, auch auf die Gastronomie und auf den Handel einzuwirken. Die gerade entstehenden Bier-Ausbildungsstätten[71] werden in diese Richtung arbeiten. An der Bierkultur interessierte KonsumentInnen sind also nicht länger „alleine".

Wenn von köstlichen, aber „ausgefallenen" Bieren die Rede ist, muss ich immer an das feine Freistädter Rauchbier denken, das 2009 auf dem Markt war. Eine ziemlich mutige Entscheidung von Ewald Pöschko und seinen

---

71 *Siehe Seite 66*

Mannen, denn gerade Rauchbiere gelten als extremes Nischenprogramm. Das Freistädter Rauchbier war ein exzellentes Gebräu – wie praktisch alles, was aus den Kesseln der Braucommune kommt. Aber ist es die Aufgabe der Brauereien, die Menschen zu ihrem Glück zu zwingen und Rauchbier zu mögen, das viele Leute einfach „geselcht" finden und ablehnen? Sicher nicht! Aber es kann nur im Interesse aller drei Gruppen – Hersteller, Vertrieb, KonsumentInnen – sein, wenn Vielfalt und Qualität auch „ankommen". Im Interesse der Hersteller, weil ihre Produkte, ihr ganzes Segment aufgewertet wird. Das hat Bier ohnehin nötig, wenn auch nicht mehr so bitter, wie noch vor ein paar Jahren, als es für viele ein Proletengesöff war, das als derb und nicht gerade hochwertig galt. Das damals so schlechte Image von Bier zeigt sich in einer Geschichte, die mir in der Pause eines Bierseminars, das ich für eine eine Brauerei halten durfte, von einer Braumeisterin erzählt wurde. Sie sei in ihrer Jugend am Wochenende gern mit ihrer Schwester „unterwegs" gewesen, für die sie sich aber geniert hatte. Warum? Sie sei am liebsten mit einem Seidel Bier am Tresen gelehnt. So etwas! Eine junge Frau und ein Bier! Das ist doch nicht damenhaft. Heute geniert sie sich fast dafür, dass sie sich einmal für die biertrinkende Schwester geschämt hat. Die mittlerweile glühende Verfechterin „ihrer" Biere trank damals ausschließlich Wein. Nicht aus traubiger Lust, sondern ausschließlich aus Imagegründen.

Schlenkerla – Aecht Schlenkerla Rauchbier

Edle Farbe, leuchtendes Kastanienbraun. Cremefarbener etwas grobporiger Schaum. Intensives Raucharoma, feurig. Duft nach Schwarzwälder Schinken, dahinter ein schönes Waldhonigaroma. Sehr eindeutig. Am Gaumen einprägsam, saubere Malzaromatik im Antrunk. Der kräftige Rauchgeschmack liegt sauber darüber und verbindet sich dann gut mit der malzigen Basis. Würzige, kraftvolle Töne am Gaumen, die an Lorbeer, Wacholder und Piment erinnern. Superbe Länge, einfach großartig.

Ein Klassiker, der in vielen Bierbüchern vorkommt – aber auch eine „echte" Craft-Brewery, ob Matthias Trum seinen Betrieb nun so nennen würde, oder nicht. Denn Schlenkerla stellt auch das Rauchmalz selber her. Das ist ziemlich außergewöhnlich, denn die exquisite Mälzerei Weyermann befindet sich ebenfalls in Bamberg.

🍺 5.1 Vol%
🍺 13,5°P
🍺 30 EBU

Das ist ausgestanden. Dennoch hinkt das Bier im Image etwa dem Wein noch deutlich nach. Dass das nicht an den Getränken Wein und Bier selbst liegt, werde ich noch zeigen. Bier-Sortimente bei denen der Fokus auf Vielfalt und Qualität liegt, tragen jedenfalls wesentlich zur Steigerung des Bier-Images bei. Mit Vielfalt und Qualität lässt sich etwa auch eine raffinierte Speisenbegleitung arrangieren. Es muss also massiv im Interesse der Hersteller sein, auf Vielfalt und Qualität zu setzen. Zumindest der meisten. Behaupten werden das nahezu alle.

Wer hat die Biervielfalt gerettet?

Für viele Bierfreunde – und für fast alle Bier-Romantiker – gilt: Kleine Brauereien haben in den vergangenen 25 Jahren die Biervielfalt gerettet. Da ist etwas Wahres dran, zumal in Österreich. Tatsächlich bestand noch in den neunzehnneunziger Jahren in Deutschland und Österreich die Gefahr einer Verödung der Bierlandschaft. Preisdumping, geringes Interesse und auf Markenimage, nicht auf das Produkt fokussierte Werbung[72] der Branchengrößen führten zu Sortimentsverkleinerungen. In vielen Brauereien fielen Biere, auch gute, dem Rotstift zum Opfer, weil sie weniger mehrheitsfähig waren, als die oder der „Renner" aus derselben Brauerei.

Bierfanatiker, darunter in Österreich auch ProtagonistInnen der Bierkonsumentenvereinigung BierIG, fanden in einigen Kleinbrauereien begeisterte Mitstreiter zur Verteidigung der Biervielfalt. Dabei kam (neben einigen Flops) auch extrafeines Gebräu auf den Markt und die Spirale der Biervielfalt begann sich aufwärts zu drehen – mehr Stile, mehr Sorten, dann kam all das hinzu, was man mit der Vielfalt anstellen kann, wie kommentierte Verkostungen, Food-Pairing, Demonstrationen ungewöhnlicher Kombinationen[73]. Zuerst wurde das Ganze hier und dort belächelt und als Spielerei in einer extrem kleinen Nische abgetan. Doch die Begeisterung für die Vielfalt war keine Blase, die nach ein paar Jahren wieder zerplatzte, sondern ein Trend, der immer mehr Fahrt aufnahm. Auch in den großen Brauereien wurde der Entwicklung bald mehr Aufmerksamkeit gewidmet.

---

72   Ein markantes Beispiel für ein Umdenken in der Massenkommunikation für Bier ist die Wiener Brauerei Ottakringer. Ihre TV-Kampagne setzte 2013 erstmals auf Bierkultur, Vielfalt und Bierstile – statt vornehmlich auf Style und urbanes Lebensgefühl zu setzen, wie in den vergangenen Jahren.

73   Für uns Biersommeliers ist die Kombination aus Bier und (Lagen-) Schokolade, Bier und edlem Käse oder Bier und Wild nichts Seltsames. Aber die meisten GenießerInnen, die Bier noch immer auf die Mainstreamsorten wie Helles, Österreichisches Märzen oder Weißbier eingegrenzt sehen, mögen solche Kombinationen seltsam sein. Bezieht man aber alle Stile, etwa auch Stouts, IPA's Doppelböcke oder Fruchtbiere ein, so wird die Qualität der Kombination sofort ganz logisch.

Robinson's – Old Tom Chocolate

6,0 % Vol.

Beschreibung von DBS Clemens Kainradl

- *Optik: rotbraun, feiner beigefarbener Schaum*
- *Geruch: Malz und intensiver Kakao mit etwas Süße, Trockenbirnen, Vanille, Eichenholz*
- *Geschmack: Kakao - samtig und rund, angenehm trocken, dezente Kohlensäure*
- *Nachgeschmack: Schokolade, Dörrzwetschken, trocken, Kakao- und Hopfenbittere, etwas wärmender Alkohol*
- *Passt am besten als edler Digestif statt- oder nach dem Dessert.*

Brauerei und Bierstil

Die sehr traditionell arbeitende, unabhängige Robinson's Brauerei hat sich hier entschlossen, ihren vielfach ausgezeichneten Old Tom – in Zusammenarbeit mit dem Chocolatier Simon Dunn – auch mit Schokolade einzubrauen. Das sehr gelungene Resultat: ein intensives und doch unglaublich weiches Bier, welches das Schokoladearoma edel und angenehm trocken einbindet.

Mit Schokoladebieren wird im englischen Bierkulturraum von kleinen Spezialitätenbrauern vor allem im Winter gerne experimentiert. Hierbei wird Kakao oder – meist sehr edle – dunkle Schokolade zur Vergärung beigesetzt. Dafür eignen sich besonders die dunklen, röstmalzigen Bierstile Porter und Stout. Wie Robinson's Family Brewers hier beweisen, ist jedoch auch das Old Ale perfekt zur Kombination geeignet, wenn der Brauer sein Handwerk beherrscht.

Ich erinnere mich an ein Bier-Degustationsmenü, welches vor ein paar Jahren, vielleicht 2008, anlässlich einer Pressekonferenz der Brauunion serviert wurde. Es bestand aus zehn oder elf Gängen. Die Bierbegleitung war so gewählt, dass einige Biere mehrfach vorkamen, obwohl innerhalb der Brauunion auch damals weit mehr als elf verschiedene Biere gebraut wurden. Mir schien, als hätte es zu dieser Zeit auf einem Presseevent der Brauunion nur vier Marken geben dürfen, mit denen man Bierqualität demonstrieren konnte: Heineken als Konzernmarke, Zipfer als österreichische Premiummarke, Gösser als solide heimische Identifikationsplattform und Edelweiss als Weißbiermarke. Dazu noch das Reininghaus Jahrgangspils als Gastronomie-Spezialität. Heute schaut so etwas auch in Großkonzernen ganz anders aus. Bei ähnlichen Anlässen wird auch das feine Schwechater Zwickl oder ein Schladminger Biobier gereicht. Natürlich darf auch die eine oder andere Craft-Bier-Spezialität aus Kaltenhausen nicht fehlen und Markus Liebl erzählt in den Presseevents der Brauunion mindestens so oft von der Bedeutung der Biervielfalt für das Unternehmen, wie er sein berühmtes Bonmot vom Vierbeiner[74] zum Besten gibt.

Wie entsteht die „Biervielfalt"?

Viele Tausend aus Vier, das ist das Wunder Bier.

Wird ein Bier nach dem Reinheitsgebot von 1516[75] gebraut, so kann man sagen: Aus nur vier Rohstoffen entstehen tausende Biere. Sie sind so verschieden, weil alle vier Rohstoffarten maßgeblich zur Vielfalt beitragen.

Malz

Es gibt mehr als 40 Malzsorten, helle Malze, wie das Pilsner und ganz dunkle, wie etwa Röstmalz. Am häufigsten kommt Gerstenmalz zum Einsatz; Weizen[76], Dinkel oder Roggen können ebenfalls vermälzt werden.

Hopfen

Die faszinierende Heilpflanze Hopfen birgt zweitausend (!) Inhaltsstoffe. In unseren Breiten werden rund zweihundert unterschiedliche Hopfensorten eingesetzt. Mit ihnen würzen die BraumeisterInnen das Bier mit herrlichem Aroma, der Hopfen liefert auch die feine Bittere.

---

74 Der Generaldirektor der Brauunion eröffnet Buffets gerne indem er dem ersehnten Satz ein Bonmot vorausschickt: „Wasser ist für Vierbeiner, wir Menschen finden's Bier feiner".

75 Das bedeutet, zum Bierbrauen dürfen nur Wasser, Malz, Hefe und Hopfen verwendet werden.

76 Zum Beispiel für die Weißbiere (Weizenbiere)

Hefe

Über 200 Hefestämme schaffen viele Geschmäcker. Obergärige Weiß-bierhefe bringt Fruchtaromen[77] ins Bier. Untergärige Hefe hält sich dagegen eher vornehm zurück.

Wasser ...

... ist nicht gleich Wasser. Brauwässer sind der Hauptbestandteil eines jeden Bieres und tragen ebenfalls zum Biergeschmack bei. Sie unter-scheiden sich je nach Region durch die völlig unterschiedlichen Zusammensetzungen der Mineraliengehalte.

Die Reinheit des Bieres

Bier ist eines der reinsten Lebensmittel, daher ist es auch so bekömm-lich. Privat gebraute Biere enthalten garantiert keinerlei künstliche „Flavours". Private Brauereien „mogeln" keinen Fremdgeschmack ins Gebräu.

Der Terroir-Begriff im Bier

Boden – Wasser – Rohstoffe – Hefe – Rezepte – Technologie – Re-gionalität und die Handschrift der Brauer. Alles zusammen ist das „Terroir" des Biers. Wertvolle Biere zeigen „Terroir". Damit unter-scheiden sie sich wesentlich von Industriebieren, die in großen Mas-sen hergestellt werden. Solche Ware soll sogar auf der ganzen Welt in etwa gleich schmecken. Auch keine kleine Herausforderung an die Braumeister – aber eine völlig andere Philosophie als jene, wie sie die Basis für das Einbrauen von Craft-Bier bildet.

Was macht diesen geheimnisvollen Terroir-Begriff im Bier aus? Es ist das Zusammenwirken mehrerer Komponenten. Dazu gehört an ers-ter Stelle das „Terroir" im Wortsinn: Der Boden. Weil er für das Brauwasser ausschlaggebend ist. Hinzu kommen die Rohstoffe, also vornehmlich Hopfen und Malz und die Hefe, diese Vielzahl an Lebe-wesen, welche die Würze zum Bier wandeln. Weiters rechnen wir die Brau-Rezepte mit in den Terroir-Begriff ein. Viele alte Brauereien hegen und pflegen überlieferte Rezepturen. Auch die Technik ist

---

77   *Ein für viele Weißbiere charakteristischer Duft erinnert an Bananen.*

entscheidend. Braute man aus denselben Rohstoffen und Rezepten an verschiedenen Standorten – und nähme man sogar dasselbe Wasser – käme dennoch unterschiedliches Bier heraus. Ausgezeichnete Brauanlagenhersteller wir Kaspar Schulz oder BrauKon werden gerade Letzterem mit Verve beipflichten.

Der fünfte Rohstoff: „Zeit"

Anonyme Gesellschaften, in denen der Shareholder-Value regiert, achten beim Brauen vor allem auf eine Minimierung der Kosten. Zeit ist ein enormer Kostenfaktor. Wir haben das große Glück, dass es Private Brauereien, Craft-Bier Hersteller gibt, die vom Streben nach Qualität geleitet werden – und ihren Bieren Zeit lassen. Durch längere Gärung bei tieferen Temperaturen und lange, kalte Reifung entstehen bessere Aromen. Das Bier wird angenehmer, die weitaus bekömmlichere Gärkohlensäure entsteht und wird – mit der Zeit – optimal in das Bier eingebunden. Zeit ist sogar mehr als nur ein (fünfter) Rohstoff, nämlich eine weitere Dimension.

Die Kleinen hatten sich mit einer Vielfalt von teilweise ausgefallenen Bierkreationen deutlich von den Großen unterscheiden können. Eine Zeit lang lag, was die Biervielfalt anbetrifft, die Themenführerschaft bei den „Bier-Rebellen", die sich – letztlich erfolgreich – gegen eine Vereinheitlichung des Biergeschmackes gewehrt haben. Es ist nur allzu logisch, dass sich auch größere Brauereien mit unterschiedlichem Glück dieses Themas annehmen. Dass gerade in großen Konzernen auch viele wunderbare Bier-Enthusiasten wirken, habe ich des Öfteren mit angesehen. Die längste Zeit war mein lieber Freund Götz Steinl ein hochrangiger Manager der InBev in Bremen. Er hat gemeinsam mit anderen Kollegen innerhalb der InBev einige Veranstaltungen ins Leben gerufen. Die jüngste Entwicklung zeigt jedoch, dass viele Große auf einer zweiten kleinen Anlage Craft-Bier-Spezialitäten herstellen. Das wird die wenigen Guten unter den Kleinen dazu zwingen, neue kreative Ideen zu entwickeln, um sich am Markt zu behaupten und abzuheben.

Ein Vorbild für viele ist die noch recht junge schottische Brauerei BrewDog, rund zehn Jahre nach der Firmengründung wurde in der Aberdeenshire bereits die zweite Brauerei, eine „State Of The Art Eco-Brewery" eingeweiht. Die Burschen aus Fraserburgh zeigen es den meisten anderen immer wieder vor. Ihre Craft-Bier-Linie, die heute unter „Core-Range" firmiert, ist vielfach kopiert worden[78]. Während die BrewDog Klassiker wie „Punk IPA" oder „5 a.m. Saint" nach wie vor als Vorbild herhalten, haben die flotten Schotten längst etwas ganz Neues auf dem Markt: Eine Kunst-Bier-Linie namens „Abstrakt"[79]. Jedes dieser, auch im Produkt-Design erneut vorbildlichen Biere, wird nur ein einziges Mal eingebraut. Man begann im Mai 2010 mit einem „Vanillabeaninfusedbelgianquad"[80]. Von vornherein empfahlen die brauenden Hunde, das 10,2 % Vol. starke Gebräu mindestens 12 bis 24 Monate einzulagern. Natürlich waren die 3.200 Flaschen (0,7 Liter zu 9,99 Pfund) rasch ausverkauft. Mittlerweile sind die Auflagen auf knapp unter 10.000 Flaschen pro Abstrakt gestiegen und man kann den Katalog der inzwischen 14 Starkbiere als Liste fantastischer Kreationen nur bestaunen. Nummer Elf aus dem September 2012 war zum Beispiel ein schwarzer Barley Wine mit Ingwer, schwarzen Himbeeren und Chipotle-Paprika. Der Alkoholgehalt dieser Kreation lag bei 12,8 % Vol., 9819 standen zum Verkauf. Nummer 13 aus dem April 13 ist ein Kirsch-Imperial Stout, das in Sherry Fässern nachgereift worden war. Auch die Website www.abstrakt.com ist schlicht-schön und wegweisend. Nur mit dem Webshop habe ich noch meine Mühe. Endlich etwas, das die nicht perfekt machen.

---

78 Man hat nicht nur versucht, die Biere aus der Aberdeenshire nachzuahmen, auch beim Design war BrewDog ein Vorbild für zahlreiche Craft-Breweries.

79 Der herrliche Slogan der ABSTRAKT-Linie lautet: „Beer Is Art".

80 Ein Quadrupel, ein, man könnte sagen „vierfach gebrautes" Bier.

Der große Paradigmenwechsel im Bier

Auch wenn die meisten KonsumentInnen die beiden Begriffe Biervielfalt und Markenvielfalt nach wie vor verwechseln, weder bunte Etiketten noch klingende Namen machen Biervielfalt aus. Obwohl auch sie unser Thema reicher und heiterer machen. **Echte Biervielfalt meint eine Fülle an Stilen, Farben, Stärken, Düften, Konsistenzen, regionalen Bezügen und persönlichen Handschriften.**

Die Biervielfalt ist in Österreich und Deutschland heute größer denn je, ein Umstand, den wir unter anderem auch einigen kleinen Brauereien und insbesondere hartnäckigen Bier-KonsumentenschützerInnen zu verdanken haben. Kleine Brauereien mit großem Qualitätsbewusstsein, wie etwa Hofstetten oder Forstner in Österreich, Fritz-Ale, Schönramer oder Camba Bavaria in Deutschland, haben mit erfolgreichen Beispielen so manche große Brauerei zum Umdenken gebracht. Die Entwicklung ist fortgeschritten und führt langsam aber sicher zu dem, was ich „den großen Paradigmenwechsel im Bier" nenne.

Die Diskussion über die Bedeutung von Vielfalt und Qualität, von Kreativität und Kompromisslosigkeit wird immer weitere Kreise ziehen. Zugegeben: Im Sommer 2013 stehen wir noch ziemlich am Anfang dieser Entwicklung. Ich schreibe diese Zeilen in Sankt Salvator, Kärnten, im Eindruck einer Veranstaltung, die ich am Vorabend moderieren durfte: „Aufwildern". Dabei handelte es sich um ein Kulinarium im Gasthof Seppenbauer, das den Auftakt zur Metnitztaler Wildwoche bildete. Immerhin ist die verträumte Kärntner Landschaft, die sich von der Mittelalterstadt Friesach bis zur Flattnitz erstreckt, hochoffiziell „Genussregion Metnitztaler Wild". Zirka 70 Personen genossen ein 6-gängiges Menü, gekocht vom famosen Küchenchef Jonny Cuznar. Ich durfte mich um die Bierbegleitung kümmern und den Abend moderieren. Die Tafelrunde bestand aus dem bekannten Mix aus Politik, Wirtschafts- und Geistesleben. Darunter die Chefin des Hemmalandes[81], der Obmann der Genussregion Metnitztaler Wild, der Bürgermeister von Metnitz und der Chef des Deutsch-Ordens-Krankenhauses. Einer Vielzahl von honorigen Personen – und Genussmenschen.

---

81 *Hemma von Gurk hat um 1.000 nach Christus gelebt. Sie ist sie die Schutzfrau von Kärnten.*

Regionalität, wie sie täglich in allen Ecken und Enden unserer Lande gelebt wird. Der Abend war das elfte Aufwildern in Serie. Mit einem großen Unterschied: Zehn Jahre lang war von den Moderatoren aus diesem Anlass hauptsächlich über Wild, die Wildküche und Wein gesprochen worden. Am 12. August 2013 haben wir Bier zu einem Hauptthema gemacht. Gebrautes als perfekter Begleiter zu Wildgerichten. Konsequent und kompromisslos, wunderbare Brauwaren, vom Willkommensschluck bis zum Digestif. Natürlich waren die Gäste eine Weinbegleitung zum Wild gewohnt – wirklich Bier? Außerdem hat man sich den gebrauten Abwechslungsreichtum nicht erwartet. Dabei hatte ich die Bierauswahl noch recht konservativ und die Vielfalt bewusst bescheiden gestaltet. (Siehe Kasten).

Aufwildern

Das Menu zum Auftakt der Metnitztaler Wildwoche, veranstaltet von Fritz Bergener, dem Chef der Genussregion Metnitztaler Wild. 12. August 2013 im Gasthof Seppenbauer, Sankt Salvator.

Aperitif: Hirter Zwickl
  Ein Gruß aus der Küche: Clubsandwich vom rosa Rehnüsschen
  Vorspeise: Hirsch Tartar mit gesulztem Ratatouille
Sierra Nevada Pale Ale
  Suppe: Feines Selleriesüppchen mit Wildtascherl
Hirter Privat Pils
  Hauptgang: Gefüllter Hirschrücken auf Weichsel-Pfeffersauce dazu
    knuspriger Kartoffelstrudel und Zucchinigemüse
Hirter Morchl
  Zwischengang: Crème Brûlée vom Ziegenkäse
Hirter 1270
  Dessert: Himbeermousse in Zartbitterschokolade
Propeller Nachtflug

Die Erkenntnisse? Abgesehen davon, dass ein Sierra Nevada Pale Ale, gemeinsam mit einem Hirschtartar genossen, zu den „Perfect Matches"[82] gehört, ebenso wie Jonnys exquisite Crème Brûlée vom Ziegenkäse in Kombination mit dem herrlichen – und selbst nach Crème Brûlée duftenden – Hirter 1270. Neben neuen Erlebnissen aus dem Bereich „Die Sensation der Kombination[83]" bestätigte sich für uns wieder: Die Leute haben kaum eine Ahnung davon, was Bier alles (sein) kann. Das hat sich auch in den Gesprächen an der Bar im Anschluss an das gesetzte Menu ergeben. Immer noch zeigen sich selbst kultivierte Genussmenschen überrascht davon, dass der bierige Kosmos weit über das Sonnensystem „Märzen" und sogar deutlich über die Galaxie „Helle- und Lagerbiere" hinausgeht. Schon die Welt der Stout- und Porter ist ihnen so fremd, als würde sie in einem Paralleluniversum liegen. Dabei braucht es weder ein Hubble-Teleskop, noch das Alma-Observatorium, um diese Biere zu entdecken. Auch für wesentlich ausgefallenere Stile, wie spontan vergorene Lambics, Gosen, oder Holzfass-nachgereifte Starkbiere muss man nicht zum Teleskop greifen – deren Universen findet man ganz leicht. Etwa bei Clemens Kainradls[84] bierfracht.at.

82 *Bier und Speisen zu kombinieren ist ein nicht enden wollendes köstliches Thema. Vieles passt gut, manches wird einigen Individualisten passen. Ein Perfect Match liegt meines Ermessens dann vor, wenn sich die beiden Partner – die Speise und das Bier – nicht nur ergänzen, sondern gemeinsam auf der Zunge hochschaukeln. Wenn beides zusammen genossen noch weit besser mundet, als jede Komponente für sich.*
83 *Ein schönes Diktum des ersten Biersommelier-Weltmeisters Karl Schiffner. Er hat es mir genannt, als wir damit begonnen hatten, an unserem gemeinsamen Buch „Bier Kombiniert" (erschienen im Herbst 2010 bei AV-Buch) zu arbeiten.*
84 *Clemens Kainradl ist Diplom Biersommelier und Entdecker außergewöhnlicher Bierspezialitäten. Sein zentrales Forschungsgebiet: italienische Craft-Biere und Nordamerikanische, also kanadische und US-amerikanische, Hopfen-Bomben.*

Hirter – 1270

Funkelndes Bernstein, glanzfein, cremefarbener schöner Schaum. Im Duft: Crème Brûlée, herrliche, geradlinige Malznoten, die an Waldhonig, süße Blüten und reifen, eingelegten Pfirsich erinnern. Weicher Antrunk. Am Gaumen bestätigen sich die feinen Noten nach Honig und Karamell. Ausgezeichneter Trinkfluss. Sehr lange, eine bierige Delikatesse.

Eine Einladung an alle, die bislang noch nicht zu den glühenden Bierfans zählen.

Speisenempfehlung: Brathuhn, Gegrilltes. Hält gut mit, daher durchaus auch zu kräftigen Speisen. Oder zu Würzigem, wie etwa Pfeffersteak.

- *Alkohol: 4,9 % Vol.*
- *Stammwürze: 11,9 ° Plato*
- *Hefe: untergärig*

Sierra Nevada – Pale Ale

- *Alkohol: 5,6 % Vol.*
- *Braumeister: Steve Dressler*
- *Brauort: Chico, CA, USA*
- *Hefe: obergärig*

Dunkles Gold mit Orangestich. Blumiges Hopfenaroma mit Zitrusblüten, Pinie und etwas Karamellmalz. Am Gaumen ausgewogen und rund, etwas blumiger Hopfen. Im Nachtrunk weich und trocken mit angenehmer Bittere.

Zu würzigen Speisen mit etwas Schärfe und Süße (und, wie wir erlebt haben: zum Hirschtartar!)

Was sich auch beim Aufwildern gezeigt hat: Bierige Klassiker à la Pils werden von den meisten getrunken. Kreationen wie das Imperial Stout „Propeller Nachtflug" polarisieren. Die einen riechen hinein und lassen es stehen, die anderen lieben es. Dazu gehören nicht selten GenießerInnen, die eigentlich kein Bier mögen.

Propeller – Nachtflug

Dunkel, intensiv, fordernd.
Imperial Stout, tiefschwarz. Dicht, ölig. Brauner, schöner Schaum. Sehr intensive Nase nach Röstaromen, reifen Waldbeeren, begleitet von einem frischen Hopfenhauch (Saphir- Aromahopfen!).
Herrliche Fülle am Gaumen, macht dort ordentlich Druck. Sehr langer Nachtrunk, die vielschichtigen Hopfenöle massieren sich in die Zunge, geben sie nicht so schnell frei.
Alkoholgehalt: 9,1 % Vol.

Speisenempfehlungen zum Nachtflug

Bœuf bourguignon
Hirschrücken (sehr rot)
Kalbsnierenbraten mit feinem Bries
NACHTFLUG mit zwei Kugeln Eis von der Bourbon-Vanille
Ein herrlicher Digestif – das Kaminbier

Auf Angebotsseite ist der Abwechslungsreichtum also längst gegeben. Und ich bin sicher, wenn sich das Bewusstsein der GenießerInnenschaft verändert hat und eine Mehrheit, oder zumindest eine qualifizierte Minderheit, wahre Biervielfalt kennen und schätzen wird können, dann wird sich das Angebot rasch weiter vergrößern. Das Wort Vielfalt wird von den Brauereien schon jetzt gerne verwendet. Genau genommen ist es von keiner Brauerei-Jahres-Pressekonferenz mehr wegzudenken. Das wichtigste: Es verdichten sich die Anzeichen, dass all das keine kurzfristige Mode zu sein scheint, nicht einmal ein Trend. Sondern ein Paradigmenwechsel. Den ich auf eine einfache Formel bringe:

„Jedem das Seine" statt „Eines für Alle"

Etwa in den neunzehnsiebziger Jahren hat es lange Zeit so ausgesehen, als würden ausschließlich wirtschaftliche Überlegungen über die heimische – und europäische, ja internationale – Bierlandschaft bestimmen. Solche „wirtschaftlichen" Überlegungen werden oft von Marketingleuten angestrengt, die gar keine Ahnung vom Bier haben. Also führen sie aus einer gewissen kurzsichtigen Logik fast immer zu Sortiments-Verkleinerungen. Markendenke anstelle von qualifizierter Beschäftigung mit dem Produkt trägt ihr Scherflein bei.

Doch das Blatt hat sich gewendet. Beste Zeichen dafür, dass die Vielfalt auch in den Konzernen angekommen ist, sind Ideen wie „Braufaktum". Das ist eine vom superreichen Dr. Oetker Konzern (dessen Bier-Sektor nennt sich „Radeberger Gruppe") geschaffene Marke für Craft Bier mit dem rührigen und biermäßig bestens qualifizierten Marc Rauschmann an der Spitze. Auch in Österreich bedeutende Unternehmen der Braubranche, wie die private Stieglbrauerei zu Salzburg und die Brauunion, investieren in Craft-Bier. Stiegl bereichert mit seinen Hausbieren, die – noch[85] – im Microbrew der Brauwelt hergestellt werden, regelmäßig die heimische Bierlandschaft. Und im neuen, kleineren, feinen Kupfergeschirr des zur Brauunion gehörenden Hofbräu Kaltenhausen werden ausgefallene Stile, wie Strong Porter, Kirsch- oder Maronibier und jüngst sogar ein Hybrid[86] erzeugt.

---

85   *Stand Sommer 2013*
86   *Liegen als Zuckerbasis für die Vergärung sowohl Malz- als auch Fruchtzucker vor, spricht man von einem Hybrid.*

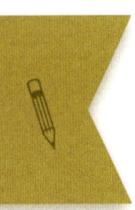

Kaltenhausener – Riesling-Style

Notiz von Rüdiger Martin

Wein- oder Bierglas? Für dieses aparte „Fabelwesen" wird „werkseitig" ein neutral-elegantes Weißweinglas empfohlen. Wir jedoch bedienten uns eigener Verkostungsgläser. Die Nase umspielt das Aroma von Hollerblüten mit deutlichen Zitrus-Noten. Wird das „Riesling-Style" jedoch kälter serviert, so verbindet man damit einen weiteren positiven Begriff von „Frühling": den Duft von frischem Spargel". Am Gaumen entfalten sich saftige Trauben mitsamt „geknackten" Kernen. Fein eingebundenes Mousseux und ein dezent herber Abgang runden das reizvolle „Hybriderl" ab. Was uns aber besonders interessiert: Mit einer Stammwürze von 16,7 Plato und magischen 7,7% Alkohol wäre eine Entwicklung über die nächsten Jahre durchaus beobachtenswert. Dann hat man etwas, das anderen vorenthalten bleibt. Denn wie alle „stylishen" Sondersude prunkt auch das „Reisling-Style" mit dem Attribut: „limited edition."

Nichts verbindet die einzelnen Exemplare des Homo Sapiens so sehr, wie das Bier. Nirgendwo wird die Vielfalt menschlicher Charaktere und Einstellungen so toleriert und gelebt, wie im Biergarten und im Wirtshaus. Bier ist einfach für alle da. Nur der Zugang zum Bier verändert sich gerade: Während die allgemein anerkannte bierige Demokratie bislang so gelebt wurde, indem man Massenprodukte angeboten hat, die brav geschliffen worden sind (damit sie möglichst wenige „stören"), setzt man heute zunehmend auf Vielfalt, auf ausdrucksstarke Biere. Sie dürfen Ecken und Kanten haben. Solche Biere sind nicht dazu „designt", dass sie möglichst vielen schmecken, dafür aber einigen (manchmal wenigen) ganz besonders gut. Der Ruf im Wirtshaus wird sich ändern – auch wenn es vielleicht nur ein Buchstabe ist. Statt „Ein Bier, bitte" wird es heißen: „Mein Bier, bitte".

Die individuellen Geschmäcker liegen tatsächlich oft weit auseinander. So individuell der Mensch ist, so vielfältig sind die Biergeschmäcker. Unter dem alten Muster[87] musste man einen Kompromiss mit allen anderen teilen. Unter dem neuen Muster findet man bei der enormen Vielfalt der ange-

---

87 *Muster ist die wohl beste Übersetzung von „Paradigma".*

botenen Biere „sein" Bier. Während die Massenbierdemokratie sagt: „Eines für Alle!" rufen freiheitsliebende Biergenießer lieber „Jedem das Seine!". Die Geschichte wird zeigen, welcher der beiden Ansätze die Bedürfnisse der menschlichen Seele besser trifft.

Wer braucht eigentlich „Biervielfalt"?

Dennoch gibt es eine große Anzahl von Biergenießern, die am liebsten jenen Stil trinken, der zurzeit den Markt beherrscht – helles Vollbier. Das ist „ihr" Bier, das trinken sie mit Leidenschaft, am liebsten jeden Tag. Niemand will diesen Leuten ihren Biergenuss verderben. Wer gerne beim massentauglichen Stil bleibt, soll gute Produkte vorfinden. Wer die Biervielfalt kaum bis gar nicht braucht, bekommt in Österreich gute Standardbiere. Bitte lesen Sie dazu den Abschnitt „Österreichisches Märzen".

Aber uns geht es auch um jene, die Lust auf Abwechslung haben. Um die Neugierigen, die gern andere Geschmäcker ausprobieren. Und es geht uns natürlich auch um die Feinspitze, welche gerne ein mehrgängiges Menu auf raffinierte Weise mit Getränken begleiten. Dafür brauchen wir unterschiedliche und teilweise sehr wertvolle Biere. Auch für andere „neue" Zielgruppen ist die Biervielfalt wichtig. Die Lust an ihr und die Kreativität der Brauer bringen uns vorwärts.

Bier wird immer besser. Wir sehen eine aufwärts gerichtete Spiralbewegung: Je besser die Bierkennerschaft, je breiter gestreut das Bierwissen, desto mehr müssen sich die Brauereien anstrengen. In unseren Breiten ist schon die „Ausgangsbasis" eine sehr solide. Wir sehen also wunderbaren Zeiten entgegen.

Biersommeliers

Noch immer ernten wir erstaunte Blicke, wenn wir darauf zu sprechen kommen, dass wir Biersommeliers sind. „So etwas gibt es auch?" Gibt es. Seit 2006 in der Praxis. Die Geschichte des Begriffes ist älter. Seit 2013 gilt in Österreich eine dreistufige Ausbildungspyramide. Die Basis heißt „Bier-Jungsommelier" und wird in Schulen ausgebildet. In HBLA's, höheren Bundes-Lehranstalten und in Berufsschulen. Die Spitze heißt „Diplom Biersommelier" und wird seit 2006 ausgebildet – durch Doemens in München und das BierKulturHaus in Obertrum. Seit 2013 wird auch die

Mittelstufe ausgebildet. Sie heißt „Biersommelier" und wird in mehreren Ausbildungsstätten gelehrt.

Berechtigung zum Erwerb des Titels Biersommelier nach 5 Jahren Praxis

Bier-Jungsommeliers, und Bier-Jungsommelière, welche die Ausbildung absolviert haben, sind nach fünfjähriger Praxis dazu berechtigt, einen kurzen Update-Kurs mitzumachen und eine Prüfung abzulegen. Wer diese Prüfung besteht, darf in der Folge den Titel Biersommelier tragen. Vom Beginn dieser Ausbildung im Jahr 2007 bis Mitte 2012 wurden etwa 1.800 solche Jung-Biersommeliers ausgebildet. Einige hundert von ihnen werden wohl demnächst den Titel Biersommelier tragen.

Bierige Ausbildungen boomen

Spätestens jetzt ist klar, dass die Bierszene keinen Rückfall in Richtung Wachkoma erleiden wird: neue Bier-Ausbildungsstätten entstehen, einige werden auf höchstem Niveau angesiedelt. Zurzeit tut sich diesbezüglich vor allem in Österreich einiges. Aber auch die Schweiz hat einiges zu bieten, etwa den „Schweizer Biersommelier". Auch in Holland ist einiges im Entstehen. Es ist anzunehmen, dass die deutsche Szene bald nachzieht. Bezaubernde Regionen, wie Vorarlberg, Salzburg, das Mühlviertel oder das Kärntner Metnitztal, sind schon „bloß so[88]" eine Reise wert. Womöglich noch weit mehr, wenn man die feinen Bier-Ausbildungs-Institute kennt, die dort angesiedelt wurden und werden.

Freistadt und Dornbirn

Da ist einmal die Braucommune in Freistadt (Mühlviertel). Ja, „Commune" ist ganz offiziell, es handelt sich um die einzige als Wirtschaftsform eingetragene Commune Europas. Alle "Häuser" innerhalb der Freistädter Stadtmauer haben Anteile an der Brauerei. Dort wurde 2011 in einem historischen Gebäude (1777) ein neues Sudhaus eingerichtet (nach langem Hin und Her mit dem Denkmalamt). Eine Sensation, eine Kathedrale für das Bier! Aber das genügt den Communarden nicht, sie haben eine "Bier-Weltregion" angestoßen, gemeinsam mit Niederbayern und dem südlichen Tschechien. Auf dieser Basis entsteht wohl 2014 auch eine Bier-Akademie,

---

88 Einige Zeit lang und bis vor einiger Zeit war das der Slogan der Ottakringer Brauerei. „Warum erfrischt mich das Ottakringer so? Bloß so!" .

dort werden dann spannende Kurse für Profis, Laien und andere Bierverrückte angeboten.

Bereits in Betrieb: Das Ausbildungszentrum in der Mohren Brauerei zu
Dornbirn (Vorarlberg). Inmitten hoher Bierkultur und aufregender Archi-
tektur kann man sich dort zum Bierkenner ausbilden lassen. Bei Druckle-
gung stand das noch nicht fest, aber man kann davon ausgehen, dass dort
auch Biersommeliers ausgebildet werden.

BeerCademy, Sankt Salvator

Ende August 2012 hat die BeerCademy ihre Pforten eröffnet. Sie liegt in
einer der schönsten Alpenlandschaften, im sanft nach Osten ausklingenden
Kärntner Metnitztal, direkt neben einer mittelalterlichen Burgenstadt. Sankt
Salvator, ein Ort, in dem ein Gebäude steht, das die BeerCademy benutzt,
gehört zur Stadtgemeinde Friesach, liegt aber etwas abseits, mitten in der
Natur. Dort hat ein Investor 2012 ein Ausbildungszentrum erbaut. Mit
Audimax für 500 Personen, Schau- und Lehrküche, Zapfanlagen für Wettbewerbe und vielen weiteren technischen Features. Dort werden Bierkur-
se für alle Zielgruppen angeboten. Vom Einsteigerniveau bis hin zur Fort-
bildung für altgediente Profis auf absolutem Spitzenniveau. Von Beginn an
ist die BeerCademy eine der wenigen Ausbildungsstätten im Institute Of
Masters Of Beer.

Für Kleinbrauereien, besonders für jene des Typs A, des kreativen Typs, kann
eine verbesserte Bierbildung auf breiter Basis von lebenswichtiger Bedeutung sein. Der Craft-Bier-Boom, der in unseren Breiten zu wirken beginnt,
wird im Wesentlichen von einer besseren Bierausbildung mitgetragen. Der
Boom ist die Folge eines weitaus größeren Bierwissens, eines Austausches
von Bierverrückten untereinander. Die Kenntnis außergewöhnlicher Biere
aus aller Herren Länder macht Lust auf Nachahmung, durchaus auch mit
(aus subjektiver Sicht) verbesserten Rezepten und kreativen Abänderungen
von Geschmäckern, Sorten und Stilen. Auf diese Weise entstehen auch neue
Stile. So wurde 2011 erstmals der Bierstil „holzfassgelagertes Starkbier" in
die Kategorienliste des European Beer Star aufgenommen.

Groß oder klein?

Nicht wenige Craft-Bier-Brauereien haben tatsächlich in einer Art Garage begonnen. Sie standen (oder stehen) mit ein paar hundert Hektolitern Jahresausstoß riesigen Fabriken gegenüber. Daher stammt auch der Mythos „Klein ist cool". In der Zwischenzeit haben sich auch in den USA andere Größenverhältnisse herausgebildet. Zahlreiche ehemalige Microbrews stoßen heute ein paar hunderttausend[89] – manche sogar einige Millionen Hektoliter per anno aus. Das entscheidende dabei: Bei den meisten Craft-Breweries sind diese teilweise enormen Steigerungen nicht auf Kosten der Qualität zu Stande gekommen. Man hat sie nicht erzielt, indem man die Geschmacksbilder vereinfacht oder die Vielfalt reduziert hätte. Es gibt heute in den USA einige, zumal aus unserer Sicht riesengroße Brauereien, die sich zurecht alterieren würden, zählte man sie aufgrund ihrer Größe nicht mehr zu den Craft-Bier-Produzenten. Ich möchte an dieser Stelle nur ein paar Namen in die Diskussion werfen: Samuel Adams, Brooklyn, Sierra Nevada, …

Nicht nur US-amerikanische, auch deutsche und österreichische Brauereien tragen wesentlich zur Diversität beim Bier bei. Wenn die Anzahl der Genießer, die entdeckt haben, wie gut einzelne Bierspezialitäten munden und wie spannend es sein kann, sich intensiv mit Bier zu befassen, einmal eine kritische Größe erreicht haben wird, dann wird eine Entwicklung einsetzen, die dem Bier jenen Stellenwert beschert, den es verdient. Dieser Gedanke ist alles andere als utopisch. Schauen Sie sich nur die Entwicklung an, die der Wein im vergangenen Vierteljahrhundert genommen hat.

Man darf jedoch nicht leugnen, dass ein bedeutender Teil der Biertrinker zurzeit kein großes Begehren nach Vielfalt empfindet. Ein beträchtlicher Anteil wird auch in Zukunft kein Interesse an ausgefallenen Bierspezialitäten haben. Manche werden sogar aggressiv, wenn man ihnen ein massiv gehopftes Ale vorsetzt.

Solche Bierfreunde wollen einfach „ihr" Bier trinken. Auch wenn sie es in der Blindprobe nicht erkennen würden. Bierpapst Conrad Seidl brachte es 2011 anlässlich einer Marathonverkostung in Sepp Bitzingers

---

[89] Im Vergleich: Die Hirter Brauerei in Kärnten liegt bei einem Jahresausstoß von rund 140.000 Hektoliter Bier.

Augustinerkeller auf den Punkt: Will man etwas ausgefalleneres Gebräu, etwa Gourmetbiere, erfolgreich vermarkten, so ist es ratsam, sich verstärkt auch an Nicht-Biertrinker zu wenden. Denn jene, die sich selbst „Biertrinker" nennen, möchten sich, so Seidl, vor allem in ihrem eigenen „guten" Geschmack bestätigt fühlen – sie trinken am liebsten „ihr Bier".

Die Zielgruppe der Craft-Bier-FreundInnen ist zurzeit also noch recht klein, auch wenn Bier an und für sich eine recht große Anzahl von Menschen erreicht. Craft-Brauer werden mit ausgefallenen Stilen (etwa spontanvergorenen Bieren) auch in Zukunft nur Mikro-Nischen bedienen. Aber man kann mit Gourmetbieren auch Zielpersonen erreichen, die sich als „Nicht-BiertrinkerInnen" bezeichnen. Gerade darin liegt aber eine Chance für die Brauer. Angesichts der in vielen Ländern stark rückläufigen pro Kopf Bierkonsum-Zahlen kann es der Brauwirtschaft nur recht sein, neue Zielgruppen zu erreichen. Gerade bei Personen, die sich gehobenen Geschmackes rühmen, solche die vielleicht früher alleine bei der Erwähnung des Wortes „Bier" indigniert die Nase gerümpft hatten, werden durch Gourmetbiere angesprochen. Hier helfen auch die folgenden Umstände: Die Weinvielfalt ist bereits bestens und breit bekannt, Weinverkostungen sind für viele Gourmets längst Routine. Das bietet dem Bier gute Chancen. Ich gestalte immer wieder Bierverkostungen, zum Beispiel im Mountain Resort Feuerberg, einem ausgesprochen feinen Urlaubshotel auf der Gerlitzen[90].

Bier im Mountain Resort Feuerberg

Der Feuerberg liegt auf knapp 1.800 Metern Seehöhe und ist ein „Inselbetrieb". Das bedeutet: Am Abend sind fast alle Gäste im Resort. Wenn wir dort eine Bierverkostung ausschreiben, so ist diese meist schon nach wenigen Stunden ausgebucht. Viele Gäste buchen die Verkostung aus Neugier. Und sind verwundert, dass man Bier überhaupt „verkosten" kann. Das Wechselbad der Gefühle verläuft dann fast immer gleich: Am Anfang heitere Skepsis, dann Erstaunen und schließlich Begeisterung[91]. Das liegt auch an der ausgezeichneten Bierkarte des Resorts, die ich zusammen mit BiersommelierkollegInnen erstellen durfte. Der Inhaber des Resorts, Erwin Berger, ist ein sensibler Mann. Das äußert sich nicht nur in seinem Sinn

---

90 Ein Berg nahe Villach, in Kärnten.
91 Ich hoffe sehr, das wird in zehn Jahren anders sein und wir werden ausgesuchte Spezialitäten mit „biertechnisch" bestens gebildeten Gästen verkosten.

für feine Kulinarik, sondern auch in seiner Musikalität. Erwin ist ausgebildeter Musiker, hat in seiner Studienzeit in Wien einen Chor gegründet (den es immer noch gibt) und gilt als einer der wenigen Komponisten zeitgenössischer Kärntner Lieder. Die bierige Erfolgsgeschichte des Mountain Resort Feuerberg ist ein Kapitel der jahrzehntelangen Freundschaft zwischen Erwin und mir, die schon in Wiener Studententagen in den späten neunzehnsiebziger Jahren begonnen hatte. 2006 hatte Erwin beschlossen, den einige Jahre zuvor veräußerten Familienbetrieb zurückzukaufen. Eines Tages rief er mich an und bat um ein Rendezvous im Helenental nahe Wien, wo er einen Beratungskunden besuchte. Er überraschte mich dort mit der Nachricht, dass er das Hotel am Berg wieder führen wolle und erfreute mich mit der Bitte, ihn in Marketingfragen zu unterstützen. Als ich in diesen Jahren gelegentlich von meinem neuen Kunden – und alten Freund – erzählte, musste ich den Leuten immer genau erklären, was denn das sei, der Feuerberg. Heute schlägt mir Bewunderung entgegen, wenn ich den Feuerberg als Referenz nenne, besonders in Kärnten. Das Mountain Resort gilt heute als Vorzeigebetrieb Nummer eins und seine Auslastungswerte erreichen unglaubliche Höhen, nur ganz knapp unter hundert Prozent. Es wäre ein guter Scherz, zu behaupten, das sei auf die gute Bierkultur des Resorts zurückzuführen. Aber dass es dort auch eine solche gibt, ist typisch für den klugen Hotelier. Die Einführung der mittlerweile schon weithin berühmten Feuerberg Bierkarte war aber eine sehr persönliche Geschichte. Ich war kurz nach meiner Ausbildung zum Diplombiersommelier für einen Betreuungsbesuch auf die Gerlitzen gekommen und musste Erwin natürlich gleich von meinen Tagen in Gräfelfing und Obertrum[92] berichten. Leicht amüsiert fragte er mich, was man denn da überhaupt lernt und was man bei Bier verkosten kann. Man sieht, selbst so feinsinnige Menschen, in diesem Fall sogar ein exzellenter Gastronom, wissen oft nicht, was es beim Bier alles zu entdecken gibt. Ich schlug eine Verkostung vor, Erwin nahm an. Also fuhr ich zu Tal und holte aus dem Villacher Interspar, was ich an Bierspezialitäten dort kaufen konnte. Immerhin waren dort im Regal unter anderem ein Kwak, das ist ein belgisches Starkbier, ein Köstritzer Schwarzbier und zum Glück auch ein Samichlaus, das ist ein Strong Lager aus der Privatbrauerei Schloss Eggenberg im Salzkammergut, zu finden. So fuhr ich mit meiner Beute, die aus einem Mix aus unter und

---

92 Die Ausbildung zum Diplom Biersommelier findet im Doemens-Institut, Gräfelfing bei München und im BierKulturHaus in Obertrum statt.

obergärigen Bieren bestand, zurück auf den Berg[93]. Erwin hatte ein paar Stammgäste zur Verkostung eingeladen, soweit reichte sein Vertrauen in mich, und wir legten los. Als wir bei den belgischen Starkbieren angelangt waren konnte ich förmlich sehen, wie es im Kopf des alten Freundes „Klick" gemacht hatte. Erwin, der sich seit vielen Jahren intensiv mit Wein beschäftigt hatte, also im Degustieren gut geschult war, hatte sofort das Potenzial erkannt, welches Bier bieten kann. Dennoch: Ich bin ihm unendlich dankbar, dass er mir ab diesem Zeitpunkt sein Hotel gleichsam als „Praxis-Labor der Bierkultur" zur Verfügung gestellt hat. Ich konnte dort im Laufe von mittlerweile 5 Jahren eine Fülle an Erfahrungen sammeln, durfte auch Fehler machen. Zum Beispiel den mit den Großflaschen. Nach meiner Logik mussten Großflaschen dort am Berg ein Renner sein. Viele Gäste des Hotels kommen in Gruppen oder größeren Familien, da erschien es mir klar, dass ein 0,75 Liter Gourmetbier ideal zur Begleitung eines köstlichen Abendmahls wäre. Auf, sagen wir, vier Personen verteilt, ist so eine Flasche leicht zu bewältigen. Außerdem macht so eine attraktive Bottel ganz schön etwas her – der Kellner präsentiert das ansehnliche Gebinde, öffnet mit kundigem Griff die Agraffe, gießt formvollendet ein … Ich war so überzeugt von dieser Idee, dass wir anfangs sogar Zweiliter-Plutzer im Programm hatten. Tatsächlich wurde kaum eine einzige Großflasche verkauft. Wir mussten sie alle selber trinken[94]. Ich glaube, das Publikum ist einfach noch nicht so weit. Noch immer denke ich: Großflaschen werden reißenden Absatz finden, wenn Gourmetbiere einem breiteren Publikum bekannt sind. Aber vorläufig beschränken wir uns auf 0,3 Liter Flaschen – und einige wenige 0,5 Liter Gebinde.

So dient die Bierkarte Neugierigen, die einmal ein seltenes Gebräu versuchen wollen. Ich höre, dass es aber auch Gäste gibt, die im Laufe ihres Urlaubs alle 32 Positionen durchprobieren und dabei einen Riesenspaß haben. Natürlich schmeckt nicht jedem jedes Bier gleich gut – aber das ist ja der Sinn der Sache[95]. Zudem sind die Biere so unterschiedlich, dass man sie durchaus für im Laufe eines Urlaubs auftretende verschiedene Trinkanlässe disponieren kann: Zum Beispiel ein Sierra Nevada Pale Ale oder ein Propeller Aufwind als appetitanregender Aperitif, ein Hofstetner Honigbier

---

93 *Es war ein guter Witz des Schicksals, dass an diesem Tag gerade eine Aktion lief: 25 % auf alle lagernden Biere.*
94 *In Wahrheit haben wir sie bei den Verkostungen eingesetzt und damit natürlich ausgezeichnete Ergebnisse erzielt.*
95 *Denken Sie an den Paradigmenwechsel: Nicht länger „Eines für Alle", sondern „Jedem das Seine".*

als Begleiter eines Fisch-Hauptganges, ein Propeller Nachtflug als Digestif oder – zu zweit – ein Samichlaus als „Betthupferl".

Die Großflaschen waren nicht mein einziger Fehler. Ein weiterer bestand darin, dass ich am Anfang bierkulturell-übermotiviert eingekauft habe. Nicht in der Menge, sondern in Bezug auf ausgefallene Brauspezialitäten. Auffälligstes Beispiel war ein spontanvergorenes Bier aus einer norwegischen Brauerei, die vier Wahnsinnigen gehört, die im Nebenberuf[96] verrückte Biere herstellen. Karl Schiffner, der erste Weltmeister der Sommeliers für Bier, hatte die Haandbryggeriet entdeckt und einige abgefahrene Köstlichkeiten importiert. Das wildeste Gebräu hieß Odins Tipple, was man am ehesten mit Odins Gesöff übersetzen kann. Das herrliche, dichte und tiefschwarze Bier war natürlich ein Ausbund an Bittere und für unbedarfte Gaumen kaum zu genießen. Ich liebte es, aber Erwin fühlte sich durch das „Gesöff" eher an Maschinenöl erinnert – es erinnert tatsächlich ein wenig daran, aber ich fand es trotzdem köstlich. Wenn wir nicht so gute Freunde wären, hätte er mir aufgrund dieses Fehlgriffes wohl das Mandat entzogen. Ich habe es dann vor allem in Verkostungen eingesetzt – als vorletztes Bier. Denn auch ein kräftiges Schaudern macht starken Eindruck! Natürlich hatte Erwin Recht. Außer mir habe ich während all dieser Verkosten niemanden gefunden, dem dieses Bier wirklich geschmeckt hat. Aber einige fanden es wenigstens „interessant". Sie schluckten es mit zusammengekniffenen Augen, während es sie recht kräftig schüttelte. Nach dem Ersteinkauf schien Odins Tipple nicht mehr auf der Bierkarte des Mountain Resorts auf.

---

96 *Zumindest damals noch, ich muss sie einmal in Drammen besuchen …*

Haandbryggeriet – Odins Tipple

Dark Norse Ale – Notiz von Karl Schiffner:
Odin hätte mit diesem Getränk wahrlich seine Freude gefunden. Ein
wirklich starkes Bier! Es präsentiert sich in leuchtendem Schwarz mit
den unterschiedlichsten Schokoladedüften. Dieses Bier wird mit einem
einzigen Stamm der wilden Hefe vergoren. Im Duft finden sich auch
Aromen von schwarzen Johannisbeeren und Kaffee. Am Gaumen zeigt
sich eine explosive Geschmacksdichte von Schokolade, Kaffee, schwar-
zen Beeren, geröstetem Malz und Gewürzen wie Anis, Zimt und
Muskat. Es hinterlässt einen sehr erwärmenden Eindruck. Ein Bier
mit Alterungspotential!

11% Vol.

Und natürlich haben wir die Bierkarte insgesamt viel „zugänglicher" ge-macht. Ich habe am Feuerberg gelernt, was man einem Publikum zumuten kann und wie man Bierkultur in die Praxis übersetzt. Für Zeki Duran, den neuen Restaurantchef[97], ist die Feuerberg-Bierkarte in ihrem mittlerweile sechsten Jahr bereits eine Selbstverständlichkeit. Er hat mich dieser Tage eingeladen mit ihm gemeinsam die Bierkultur im Mountain Resort noch zu verstärken, etwa durch konkrete Craft-Bier Begleitungs-Empfehlungen im Abendrestaurant.

Erwin war von den ersten Erfahrungen so angetan – trotz Odins Tipple, dass er mich einlud, einmal jährlich für seine Gäste eine Bierwoche zu veran-stalten. Sie war von Anfang an eine sehr feine Sache. Jeden Abend stellen Brauer (meist zwei Brauereien) ihre eigenen Biere den Feuerberg – Gästen ganz persönlich vor. Auch wenn das Ganze in einem relativ kleinen Rahmen abläuft (ca. 30 Personen pro Verkostung), schätzen die Vortragenden das Ganze sehr. Rasch hat sich auch herausgestellt, dass diese Woche der bierigen Be-gegnung von den Brauern gut angenommen wird. Im herrlichen Ambiente des Mountain Resorts wurde anlässlich der Bierwoche, die nun alljährlich im Januar stattfindet, schon so manche Kooperation vereinbart.

---

97 Zeki ist seit Frühjahr 2013 in dieser Position.

Feuer, Leidenschaft und Begabung

Es ist immer erhellend, sich mit Markus Lohner zu unterhalten. Seine Klarheit begeistert mich. Markus kann mit wenigen Worten eine Analyse auf den Punkt bringen. Ich habe lange nach einer Definition des Begriffes „Craft-Bier" gesucht, einmal sogar via bier.pur. Da hatte ich die Bier-Community dazu aufgefordert, sich am Definitionsprozess zu beteiligen. Das war keine schlechte Idee, ich bin ein paar Mal darauf angesprochen worden, habe auch E-mails bekommen. Die bessere Idee wäre jedoch gewesen, gleich Markus zu fragen. Nun saßen wir an einem heißen Augusttag anno 2013 auf der Terrasse seiner Camba beisammen. Er hatte den ganzen Tag mit Gesprächen zugebracht. Amerikanische Brauer waren gerade in Truchtlaching[98]. Sie hatten bereits eine neue Brauerei bei Markus Lohners BrauKon geordert und waren nun im Chiemgau, um Details für die Inbetriebnahme und die ersten Sude zu besprechen. Markus nutzte eine Pause seiner Kundengespräche, um mit mir über sein Editorial zur BrauPost[99], Ausgabe 13, zu besprechen. Er brachte das Briefing rasch auf den Punkt – und das in seinem harten, fränkischen Dialekt: „Der Unterschied heißt ‚Leidenschaft'". Markus erklärte mir, dass es aus seiner Sicht bei Weitem nicht ausreiche, wenn ein Brauer sagt: „Ich mache jetzt Craft-Bier". Tatsächlich genügt es nicht im Geringsten, sich vorzunehmen, in Zukunft neben dem „klassischen Sortiment" auch ein paar sonderbare Biere, wie sie zurzeit „in" sind, einzubrauen. Etwa ein IPA, ein Stout und alles Mögliche, was halt gerade so gefragt ist. Manche fassen so einen Entschluss ohnehin nur, weil der Preiskampf bei Hellem, Weißbier oder Pils ruinös ist und man glaubt, für solche „Sonderbiere" noch gutes Geld verlangen zu können[100]. Man kann nicht Craft-Bier brauen, weil man es sich einfach einmal vornimmt. Oder, noch schlimmer, gar sein (durchschnittliches) Produkt jetzt einfach Craft-Bier nennt. Auch der Austausch der einen Hopfensorte durch die andere (vielleicht amerikanische, nach Grapefruit duftende) macht aus einem herkömmlichen Gebräu noch lange kein „Craft-Bier".

---

98 Zwei Unternehmen von Markus Lohner heißen BrauKon und Camba Bavaria. Ihr Standort ist Truchtlaching, ein kleines Dorf an der Alz (dem Abfluss des Chiemsees).

99 Die BrauPost ist eine Art Jahres-Magazin, das zur Nürnberger Bier-Fachmesse BrauBeviale oder zur Münchener Messe Drinktec erscheint. Die Drinktec findet alle vier Jahre statt – dann pausiert die BrauBeviale. Ich schreibe seit ein paar Jahren Texte für dieses Magazin

100 Es ist gut und richtig, dass wenigstens Gourmetbiere noch einen besseren Preis haben. Wer weiß ob die unbelehrbaren und oder kurzsichtig-gierigen Teile der Brauwirtschaft in Komplizenschaft mit dem Handel dieses Gefüge nicht auch noch ruinieren.

Ich gehe noch weiter und behaupte: Man muss zum Craft-Bier-Brauer geboren sein. Das ist wie Malen, Tanzen oder Gitarre spielen. Jeder kann zum Zeitvertreib den Pinsel oder das Tanzbein schwingen, sich ein Instrument greifen. Für die Dekoration des Flurs wird reine Ambition immer reichen, auch für die Begleitung eines Lagerfeuers. Aber es wäre „Blowin' In The Wind", wenn man sich deshalb als großer Künstler verkaufen wollte. Und bis auf ein paar getreue Freunde und/oder Familienmitglieder würde das ohnehin niemand ernst nehmen. Beim Bierbrauen ist es um keinen Deut anders. Wer sich hinsetzt und sagt: „Ich bin jetzt Craft-Bier-Brauer", ohne das nötige, große, Talent dafür zu besitzen, ohne die Bereitschaft, das Bierbrauen kompromisslos zu überdenken, wird bestenfalls ein belangloses Gebräu herstellen. Zu sagen: „Ich bin jetzt Craft-Bier-Brauer" hilft genauso viel, wie wenn man sagt: „Ich bin jetzt Künstler!" Ein sogenanntes Craft-Bier wird auch nicht gut, wenn man es auf teure Flaschen aus schwerem Glas zieht, mit Sektkorken samt Agraffe[101] verschließt, ihm einen seltsamen Namen und ein auffälliges Etikett gibt.

Craft-Bier brauen ist unglaublich einfach, wenn man dazu geboren wurde. Und wenn man sich die dafür geeigneten Mittel zurechtgelegt hat. Auch dazu gehört Talent. Man muss das ideale Geschirr in Relation zu den zur Verfügung stehenden (Geld)mitteln finden. Welche Eigenschaften sollten einem in die Wiege gelegt sein? Kreativität, eine hohe Sensibilität und brautechnisches Gespür. Wer meint, nicht alle diese Talente auf sich zu vereinigen, hat immer noch die Möglichkeit das eine oder andere in Form eines Partners oder eines Braumeisters (einer Braumeisterin) einzukaufen. Leidenschaft, Kompromisslosigkeit sowie das hundertprozentige Bekenntnis zu Vielfalt und Qualität muss jedoch jeder mitbringen, der echtes Craft-Bier brauen will.

I put a spell on you

Dieser alte Blues baut auf die magische Kraft des Wortes. Aber der Zauberspruch kann nur dann seine Wirkung entfalten, wenn er Ausdruck einer tiefen, inneren Überzeugung ist. Wir Menschen können mit Gedanken und Worten mehr bewirken, als die meisten von uns glauben. Ein Wort ohne innere Kraft bleibt aber eine hohle, völlig wirkungslose Formel. Richtiges

---

101 *Agraffe nennt man den aus, oft goldfarbigem, Draht hergestellten Verschluss, der vor allem bei Getränken, die unter recht hohem Druck stehen, eingesetzt wird und den Korken auf der Flasche hält.*

Craft-Bier ist eine Art „Zaubertrank". Jeder, der derartiges bewusst genossen hat, wird das bestätigen. Das richtige Bier kann eine ungeheure Kraft entfalten. Und damit meine ich weder die alkoholische Wirkung noch die Kalorien. Das ist schon seit vielen Jahrtausenden so. Wir finden die Anfänge des Bieres tatsächlich in einer Funktion als kultisches Getränk – heute ist gutes Craft-Bier „Kult". Bier wurde bald nach seiner Entdeckung für die Menschheit so wichtig, dass sie ihre Lebensweise radikal verändert hat: Aus Nomaden sind Sesshafte geworden. Auch um die Urform des Braugetreides anbauen zu können musste Ackerbau betrieben werden.

Keine Angst, ich versuche jetzt nicht, einen Esoterik-Bestseller zu schreiben. Ich versuche aber zu zeigen, dass die enormen Erfolge der Craft-Bier-Revolution nicht auf Marketing-Entscheidungen beruhen[102]. Typisches Marketing beginnt bei den Produktentscheidungen. Man analysiert den Markt, die Mitbewerber, die eigenen Möglichkeiten und die Wirtschaftslage und wägt mithilfe der so gewonnenen Parameter Produktentscheidungen ab. Dann entwirft man im „Kommunikationsmix" allerlei Werbe- und PR-Maßnahmen, die am besten einer klaren Strategie folgen. Wenn man ein großer Konzern ist und über die entsprechenden Mittel verfügt, plant man eine gut dotierte Kampagne. So kann man ohne Weiteres einen Softdrink aufbauen und zum Erfolg führen. Ich habe das mindestens zweimal bewiesen – mit Radlberger und mit der polnischen Marke „Pazifik". Bier entzieht sich aber dieser Vorgangsweise. Gewiss. Man kann mit Marketingmitteln auch im Bier recht brauchbare Markterfolge erzielen. Die wirklichen Glanzpunkte kommen aber nur zustande, wenn die Magie stimmt.

Markus Lohner hat also völlig Recht. Alleine damit, dass man einen Entschluss fasst, wird kein einziger, echter Craft-Bier-Erfolg erzielt. Möglicherweise entsteht so eine auf Craft-Bier getrimmte Produktlinie, in der einzelne Biere vielleicht sogar gut sein können, aber die Craft-Seele vermissen lassen.

Hier sehen wir auch den eklatanten Unterschied zwischen der Vermarktung einer Leidenschaft und einer Marketing-Strategie. Bitte verstehen Sie mich nicht falsch – es ist absolut opportun, einem Produkt der Leidenschaft die

---

102 *Und das von mir, der ich jahrelang Marketing an der Werbeakademie unterrichtet habe …*

Wege zu den KonsumentInnen zu ebnen. Möglicherweise ähneln die Mittel jenen, die auf einer reinen „Marketingstrategie" basieren. Viele internationale Craft-Bier-Helden erweisen sich sogar als ziel- und stilsicher in Sachen Design und Vermarktungsideen. Absolut konzis ist dabei das Gesamtkunstwerk BrewDog. Oder jenes des Leonardo di Vicenzo, dem Inhaber der Birrificia del Borgo. Seine Lokale in Rom und New York sind Ausdruck seiner Craft-Bier-Leidenschaft und Orte, an welchen diese Passion ungefiltert an das begeisterte Publikum weiter gegeben wird.

Seele – und Sachkenntnis

Als mich der Pächter eines schönen Hotels, das sowohl als Ausflugsziel taugt, als auch erfolgreich Tagungen beherbergt, für eine Serie von Bierseminaren engagierte, erwähnte er auch, dass er eine neue Bierkarte mit internationalen Spezialitäten einführen möchte. Ich war sofort hellauf begeistert, hatte ich doch die ersten Erfahrungen am Feuerberg bereits gesammelt und bot ihm an, eine Zusammenstellung an Bierspezialitäten für seine Karte vorzuschlagen. Ich träumte in dieser Sekunde etwa vom berühmten, holzfassnachgereiften Imperial Porter „Gonzo" der Flying Dog Brewery, von ein paar hopfigen Ales und von einigen besonderen Camba Bieren. Doch mein Auftraggeber bremste mich gleich ein. „Ich habe das schon erledigt" sagte er. Und mir schwante Übles. Tatsächlich hatte er mit einem Getränkehändler gemeinsam einige „tolle" (wie er sagte) internationale „Bierspezialitäten" ausgesucht. Dazu muss man wissen, dass leider auch bei den meisten Getränkehändlern Bierwissen noch recht spärlich verankert ist. Damals, als wir dieses Gespräch führten, war das noch schlimmer als heute. Ich fragte nach, was das denn für cerevisiale Köstlichkeiten wären, die nun die neue „Bierkarte" bevölkern sollten. Der Kunde antwortete ausweichend. Er würde sich ja nicht so gut im Bier auskennen – deswegen vertraute er auch auf den Getränkehändler – aber er könne sich daran erinnern, dass ein X und ein Y[103] dabei wären. Dann erwähnte er noch einige weitere „internationale" Industriebiere. Ich bat ihn mit ringenden Händen, diese Auswahl noch einmal zu überdenken. All diese „Welt-Lager" seien weit schwächere Charaktere, als jedes einzelne der hellen Biere jener Brauerei, zu der das Hotel gehörte – „mit großem Abstand schwächer", sagte ich noch. Aber sein Entschluss stand fest, wie mein trüber Ausblick:

---

103 Er nannte an dieser Stelle eine sehr große australische und eine amerikanische „Near-Water" – Biermarke.

„Das wird nicht funktionieren", sagte ich traurig. Das Ergebnis: Schon nach einem Jahr wurde die „Bierspezialitätenkarte" wieder eingestellt. Die Begründung meines Kunden: „Unser Publikum hat die Bierkarte nicht angenommen". Kunststück. Ganz so unsensibel sind die Leute auch nicht und wenn eine Bierspezialitätenkarte keine Bierspezialitäten enthält, sondern ganz schwache Allerwelts-Produkte, so ist es ganz normal, dass die Leute lieber zum – viel besseren – regionalen Bier greifen. Gott sei Dank!

Schade nur, dass damit die an sich richtige Idee, in einem Hotel ein paar ausgesuchte Bierspezialitäten anzubieten, aufgrund der falschen Bierauswahl und einem ziemlich schlecht sortierten Getränkehändler gemeinsam mit den „Welt-Bieren", die in Wahrheit Allerwelts-Biere waren, entsorgt worden war.

Apropos „Gonzo". Dieses Imperial Porter der amerikanischen Flying Dog Brauerei hat einst auf einem BierIG Festival, noch im alten Salzburger Gusswerk, zu meinem Craft-vollen Erweckungserlebnis geführt. Verehrte Leserin, geschätzter Leser. Lassen Sie nicht Ihren Kopf urteilen. Wenn ein Bier erstklassig ist, wenn es so gut ist, wie ein Gonzo, dann weiß man (oder frau) das. Sollte die Lektüre dieses Buches für Sie keinen anderen Effekt haben, als dass Sie sich dazu entschließen wollen, achtsam zu sein, aufmerksam zu kosten und Ihrem Sensorium, Ihren Gefühlen zu vertrauen, war sie höchst erfolgreich. Das Gonzo – das es im Übrigen in zwei Varianten gibt, mit und ohne Nachreifung im Whiskyfass – hat es mir angetan und inzwischen auch einigen Bier-Aficionados, die bei mir in Sankt Salvator Kurse oder Verkostungen besucht haben. Auch Chef Jonny Cuznar setzt das Gonzo inzwischen öfter ein.

Wild Dog – Gonzo

- Flying Dog Brewery
- Braumeister: Matt Brophy
- Bierstil: Imperial Porter, gereift im alten Whiskyfass
- Brauort: Frederick im Bundesland Maryland, USA
- Alkohol: 9,5 % Vol
- Stammwürze: 24 ° Plato
- Hefe: obergärig

Kostnotiz: Ein schwarzbraunes Bier mit hellbraunem Schaum. Hocharomatisch nach Kaffee, Vanille, Röstnoten, Eichenholz- und Whiskeynoten. Am Gaumen dicht und fast ölig, mit Rosinen, Dörrzwetschken, Karamell, Holz und wärmendem Alkohol. Einsatzbereich: gut in Kombination mit stark Geräuchertem, zu Schokolade oder als Digestif.

Mein Craftbier-Stand am Wiener Bierfest

2012 gestaltete ich einen Stand am Wiener Bierfest. Die verrückte Idee bestand darin, rund 40 verschiedene Biere aus österreichischen Klein- und Kleinstbrauereien dem staunenden Besucherkreis zu präsentieren. Der Veranstalter hatte mich dazu eingeladen. Man kann sich den schon im Vorfeld anfallenden organisatorischen Aufwand vorstellen, schließlich galt es, eine beträchtliche Anzahl von, sagen wir es höflich: „Individualisten" zu koordinieren. Auch das Equipment (Durchlaufkühler, Kühlschränke, Gläser, Gläserwaschkörbe, …) wurde von unterschiedlichen Brauern gestellt. Vor allem Reini Barta, Alois Gratzer und Bernhard Bugelmüller hatten mit Material, Muskelkraft und Wissen massiv geholfen. Auch eine online-Plattform, auf welcher Biere aus österreichischen Brauereien, hauptsächlich kleinen, vertrieben werden, hatte ich zur Teilnahme eingeladen. Allerdings musste ihr Inhaber an dem Wochenende des Bierfestes der Hochzeit seiner Schwester beiwohnen, weshalb er eher nur im Vorfeld und aus der Ferne wirken konnte. Und das nicht immer nur zu meiner Erbauung oder zur Hebung der Bierqualität, wie wir noch sehen werden.

Hinter dem Tresen herrschte ein unaussprechliches Chaos an Stromkabeln und Bierleitungen. Als Birgit Rieber – die famose württembergische Biersommelière ist naturgemäß mit einer ordentlichen Portion deutscher Gründlichkeit gesegnet – das Leitungsgewirr entdeckte, schlug sie die Hände über dem Kopf zusammen und prophezeite: „Das wird dir das Marktamt niemals genehmigen!" Ich erwiderte aus der gesicherten Position des geborenen und gelernten Österreichers: „Das Marktamt wird sich das nicht einmal anschauen kommen". Sie erraten, wer Recht behalten hatte. Es gab auch nur ein einziges Mal einen Kurzschluss. Eine der in Serie geschalteten Dreifachsteckdosen – beim Baumarkt, „einsuffzich" das Stück – zu tief in einen Bierkübel hineingerutscht war. Aber die Veranstalter hatten das rasch behoben und ich hatte genügend Gaffer-Tape[104]. Der Stand wurde von einer fröhlichen Meute an Bierinteressierten regelrecht belagert, die Biersommeliers und „weiteren" Schankkräfte agierten, als wären sie Zwillingsgeschwister einer achtarmigen indischen Gottheit.

---

104 *Ein breites Textilklebeband, das vor allem bei „Events" allerlei nützliche Dienste leistet.*

Mitten im Trubel erschien auf einmal eine mürrische Gestalt an der Personaltüre und deutete auf einen weiteren Durchlaufkühler und zwei verbeulte Stahlfässer. Der merkwürdige Mann hatte sie auf eine Sackkarre gepackt und wollte das Zeug nun loswerden. „Der X[105] hat mir angeschafft, ich soll dieses Bier herbringen". Gisi und Martin[106] schafften es tatsächlich, innerhalb Sekunden so umzubauen, dass auch dieses Gerät noch Platz fand. Der Mann war also auch ein Brauer, wie sich nun herausstellte. Er schloss, noch ein wenig mürrischer, eines der Fässer an. Außerdem händigte er uns einen Korb mit Seidelgläsern aus, die mit dem Logo seiner Brauerei verziert waren. Ich konnte mich gerade noch bedanken, als der Brauer bereits kopfschüttelnd in der Menge verschwand. Mir blieb keine Zeit zum Nachdenken. Zuerst bat ich den nächststehenden Mitarbeiter, die „sauberen" Gläser schnurstracks in die Waschstraße zu bringen, sie hatten es dringend nötig. Da ich das frisch angeschlossene Bier nicht kannte, musste ich es natürlich sofort kosten. Ich musste prüfen, ob man es unserem erlesenen Standpublikum zumuten könne. Und siehe da: Meine böse Ahnung hatte mich nicht getrogen. Das gelbe Nass war eine Diacetyl[107]-Bombe sondergleichen. Während die bierdurstige Menge vor dem Stand weiter tobte, kam das Schankteam noch mehr ins Rudern. Denn es musste nun für ein paar Minuten ohne uns drei gerade anwesenden Biersommeliers auskommen. Wir hielten Kriegsrat: Was tun mit dem buttrigen Bier? Zuerst standen die Zeichen auf Abhängen und Zurückgeben. Dann kam die rettende Idee: Wir schrieben „Böhmisches Pils" auf die Tafel. Unmittelbar danach erfolgten die ersten Nachfragen. Da packte uns doch noch der Anstand und wir erzählten allen, die so ein „Böhmisches" wollten, die gesamte Geschichte vom Diacetyl, schenkten sogar den Interessenten einen Kostschluck ein. Entschuldigend sagten wir dazu: „Wir haben ja noch 40 andere Biere!". Neun von zehn Gästen folgten diesem Ratschlag und ließen sich ein Schnaitl oder einen Johann vom Gratzer zapfen. Wer aber nach eigener Prüfung aus Überzeugung beim Böhmischen blieb, hatte offenbar Lust auf ein buttriges Bier – und so konnten wir am Wiener Bierfest sogar solch seltsame Gelüste befriedigen.

---

105 Gemeint war der Inhaber der Bier-Einkaufs-Plattform aus dem Internet.

106 Gisela Meinel Hansen, Diplombraumeisterin und Biersommelière, damals auf Praktikum beim Biersepp und Martin Freitag, damals noch Chef des ÖBWSV, des Österreichischen Brauwaren Schutzvereines.

107 Diacetylgeruch erinnert an den Geruch von frischer (nicht von ranziger!) Butter. Er tritt im Bier auf, wenn die Gärung nicht optimal verlaufen ist. Der Stoff entsteht während jeder Bier-Gärung, der Gärverlauf sollte jedoch so gestaltet werden, dass die im fertigen Bier verbleibende Diacetyl-Menge unter den Wahrnehmungsschwellenwert fällt. Dann – und wenn auch sonst keine Bierfehler auftreten – riecht das Bier „sauber". Bitte seien Sie, verehrte Leserin und Sie, geschätzter Leser, ganz entspannt. Selbst ein noch so massiv nach Butter (also Diacetyl) riechendes Bier ist für die Gesundheit völlig ungefährlich. Nur eben nicht für die Ästhetik. Zu Recht mag kaum jemand diesen Geruch und in Wahrheit gehört er nicht ins Bier. Zumindest nicht in ein österreichisches oder deutsches. Aus einem tschechischen Bier darf ruhig ein wenig Diacetyl herausduften; es gehört sogar zum Charakter des tschechischen Pils, etwas buttrig zu riechen.

Gratzer – Johann

- *Aussehen: Kräftiges Gold, naturtrüb. Weißer, stabiler Schaum*
- *Geruch: Etwas grasig, Hopfennoten im Vordergrund, erfrischend, ganz leicht Hefe*
- *Antrunk: Gute Rezenz, moussiert etwas*
- *Geschmack, Haptik: Komplex; Feine Süße erhält durch die Hopfenbittere ein Rückgrat*
- *Nachtrunk: Harmonisch mit hopfigem Finale*
- *Alkohol: 5,3 % Vol.*
- *Mehr Informationen unter gratzerbrau.at/Johann*

Heute würde ich das nicht mehr so machen. Aber die österreichische Craft-Bier-Szene, zumindest einige jener, die sich dazu zählen möchten ist, sagen wir es nett, ziemlich heterogen. Neben einigen, ganz wenigen fantastischen Brauern, wie Krammer, Forstner und Barta, gibt es noch ein paar, die anständiges Gebräu herstellen. Und leider auch eine Vielzahl an Brauern, die sich so nennen, aber die leider ganz schwache Qualitäten liefern. Das war auch „Part Of The Game" auf dem „Biersepp-Stand" am Wiener Bierfest. Und das war auch der Grund, warum ich mein diesbezügliches Engagement – zumindest in dieser Form – nicht wiederholt habe. Da es am Wiener Bierfest nur österreichische Biere geben darf ist die Auswahl an Top-Qualitäten zu gering. Und wir müssen aufpassen, dass es uns mit dem Bier nicht so passiert, wie mit dem Fußball.

Insgesamt hat es mir aber gut getan, hinterm Tresen zu stehen und den Druck zu spüren, wenn „unten" eine durstige Menge ihre Biere urgiert. Beim Zapfen machten wir nämlich keine Kompromisse, auch wenn der Eine oder die Andere schon lautstark das bestellte Bier einforderte. Ein ordentlich gezapftes Bier braucht eben ein wenig Zeit[108]. Vorzapfen oder schlampig einschenken – das geht gar nicht! Noch eine praktische Erkenntnis war für den (bislang) Theoretiker wichtig: Man würde beim Zapfen keine Sekunde sparen, ließe man den Zapfhahn in die Flüssigkeit

---

108 Natürlich KEINE sieben Minuten, wie das völlig absurde, sich aber hartnäckig haltende Märchen vom „Sieben-Minuten-Pils" glauben lassen will. Tatsächlich ist es so: Zapfte man ein Pils sieben Minuten lang wäre die Rezenz geschwächt und das Bier viel zu warm.

hineinragen. Zapfhahn im Bier, dafür gibt es tatsächlich keine Entschuldigung, auch nicht die großen Drucks.

Wann werden Craft Bier und die Biervielfalt endlich in der Gastronomie ankommen?

Es kann nur an Nachfragemangel liegen, wenn in Gasthäusern und Restaurants nach wie vor Bierwüsten bestehen, am Angebot der Brauereien liegt es ganz sicher nicht. Bierige Leere[109] herrscht auch in guten und in den besten[110] Lokalen, neben prall gefüllten Weinkellern mit detaillierten, telefonbuchgroßen Weinkarten. Versuchen Sie, geschätzte LeserInnen in verschiedenen Lokalen einmal wie folgt um Gebrautes zu fragen: „Ich habe Lust auf ein elegantes Bier. Welches feine Pils führen Sie denn?" Ich habe nicht selten erlebt, dass die Kellnerin oder der Kellner daraufhin ein Helles oder Märzen empfiehlt. Natürlich mache ich dann die Servierkraft liebenswürdig und höflich darauf aufmerksam, dass zwischen den Bierstilen „Pils" und „Märzen" massive Unterschiede bestehen. Jemandem ein Märzen für ein Pils servieren, das ist in etwa so, wie wenn man einen Muskateller bringen würde, obwohl der Gast einen Riesling bestellt hat.

Bierfreunde, die sich beim Craft-Bier gut auskennen, haben auch nicht immer Lust, Aufklärungsarbeit zu leisten. Wenn man abends ausgeht, will man sich der Partnerin, dem Partner, seinen Freunden oder einem Buch widmen. Und nicht ahnungslosem Personal die Grundzüge der Biervielfalt beibringen. Ich habe des Öfteren erlebt, dass die Kellnerin oder der Kellner in einer solchen Situation die Ohren auf Durchgangsverkehr geschaltet hatte. Sogar unwirsche Reaktionen auf bierige Aufklärungsarbeit kommen vor. Für mich wäre es deshalb eine der vordringlichsten Aufgaben der Bierorganisationen, seien es nun Konsumentenvereine oder professionelle Lobbyisten, hier Abhilfe zu schaffen. Durch Aufklärung und Schulung[111], durch PR und durch das Schüren einer differenzierten Nachfrage mithilfe von auf Biervielfalt abzielenden Verkaufsförderungsmaßnahmen.

Ich werde Martina Hohenlohe demnächst einmal vorschlagen, dass Gault&Millau in Österreich zwei und mehr Hauben nur mehr dann vergibt,

---

109 Mengenmäßig ist sicher überall genug da – aber die Auswahl ist fast immer weniger als bescheiden.

110 Naja, eigentlich kann man zu einem Lokal mit „sparsamer" Bierkultur nicht behaupten, es gehöre zu den „besten".

111 Wobei sowohl die MitarbeiterInnen der Gastronomie und des Handels als auch die KonsumentInnen lustvoll im Bier geschult werden sollten.

wenn im Restaurant die nachstehenden Mindestanforderungen zur Bierkultur erfüllt sind: Erstens, eine eigene[112], professionell und animierend
gemachte Bierkarte, die wenigstens ein Aperitif Bier, vier bis fünf unterschiedlich gebraute Speisenbegleiter und ein Digestif Bier anbietet. Und
zweitens zumindest eine Person mit Grundkenntnissen im Bier. Ab drei
Hauben müsste meines Erachtens wenigstens eine Mitarbeiterin oder ein
Mitarbeiter Biersommelier sein. Dieser Ausbildungs-Tausender ist wahrlich
gut investiert.

Es kann auch nur an mangelnder Nachfrage liegen, dass die meisten Re-
galmeter, die der Lebensmitteleinzelhandel dem Bier zur Verfügung stellt,
vornehmlich mit Märzenbieren bestückt sind. Inzwischen gibt es hier und
dort zwar ein „Regional-Regal" aber nach feinen Craft-Bieren sucht man
im Lebensmitteleinzelhandel vergebens.

Der ganze Nachfragemangel resultiert zum größten Teil aus der Unkennt-
nis der Biergenießer. Die meisten Bierfreunde wissen noch gar nicht, welche wunderbaren Biere es auf dieser Welt gibt. Auch da bin ich Erwin
Berger und seinem Feuerberg sehr dankbar. Man kann sich die vielen,
wunderbar bierigen Aha-Erlebnisse seiner Gäste anlässlich unserer kommentierten Verkostungen kaum vorstellen – man muss sie erleben.

Ein (guter) Trend unserer Tage besteht darin, dass sich immer mehr Menschen lustvoll mit guten Lebensmitteln und mit Regionalität auseinander-
setzen. Ihnen geht es nicht nur um Vielfalt. Besonders die Produktqualität
steht bei den GenießerInnen im Fokus. Und ich muss ergänzen: Auch die
richtige Pflege von Bier[113] ist hier ein sehr wichtiges Thema.

Es ist nicht nur in der gehobenen Gastronomie längst üblich, eine ordentliche Weinkarte zu führen. Mittlerweile wird ein Lokal ohne eigene Weinkarte nicht zur gehobenen Gastronomie gezählt! Aber die Bierkompetenz
schwächelt nach wie vor dahin. Ich verstehe das nicht, wo es doch eine
solche Lust ist, Bier und Speisen zu kombinieren. Man kann damit fantastische Ergebnisse erzielen. Superkoch Ferran Adriá (Ihm gehörte das inzwischen geschlossene Restaurant „El Bulli", er machte die

---

112 *Also nicht einfach eine Seite in der „Getränkekarte".*
113 *ab Seite 136*

„Molekularküche" populär) wurde vor ein paar Jahren von der katalanischen Super[114]-Brauerei Cerveza Damm gebeten, ein Bier zu entwickeln. Sein Konzept war so einfach wie logisch und beeindruckend: Adriá machte ein Bier, das jene Speisen begleitet, für die es keine Weinbegleitung mehr gibt: Extrem fett, extrem sauer und extrem bitter. Die Cuvée Inedit[115] war geboren. Als ich Cerveza Damm besuchte war ich ziemlich beeindruckt. Das ist natürlich keine kleine Craft-Brewery und ich denke, dort hat man sich nicht in die Craft-Bier-Szene eingereiht, zumindest nicht damals, als ich dort war. Aber an der Leidenschaft und an der Begeisterung für Bier hat es auch dort beileibe nicht gemangelt. Ich habe schon lange nicht mehr dorthin geschaut. Es würde mich nicht wundern, wenn auch dort einiges am Köcheln wäre – der spanische Biermarkt ist punkto Innovationsfreudigkeit noch weit hinter dem deutschen oder österreichischen. Wir sind zwar nicht so weit wie die Italiener und haben keine so große Tradition an Vielfalt und Güte wie die Belgier. Aber wir liegen noch deutlich vor den Spaniern. Doch wenn dieses wunderbare Land die Krise einmal überwunden hat werden wir gerade von der Peninsula noch gebraute Wunder erleben, da bin ich mir sicher.

Wie schwach die Bierkultur in der gehobenen Gastronomie Österreichs immer noch ist, wurde mir vor nicht allzu langer Zeit dramatisch vor Augen geführt. Ich bin sicher, das war nicht die Absicht jener PR-Agentur, die mich zu dieser Preisverleihung – Gastronomiebetriebe wurden für ihre herausragende Bierkultur prämiert - eingeladen hatte. Von der Agentur kam sogar die Idee, ich sollte dort alle Sieger interviewen und die Interviews in bier.pur abdrucken. Hätte ich das tatsächlich getan, wäre das ein Bärendienst an der Bierkultur (und vor allem an dem von der Agentur betreuten Brauereibetrieb) gewesen.

In einem aufwändigen Verfahren werden für diesen Bewerb Jahr für Jahr neun Landessieger gewählt. Alle Neune kommen dann zur Kür des Bundessiegers zusammen. Die Veranstaltung fand wie immer in noblem Rahmen, dieses Mal in der Wiener Staatsoper, statt. Man hatte also weder Kosten noch Aufwand gescheut. Zumindest, was die Siegesfeier betraf. Ich dachte

---

114 Das bezieht sich natürlich zunächst einmal auf die Ausstoßzahlen – viele Millionen Hektoliter – aber auch auf den automatisierten Betrieb und die industrielle Qualitätssicherung.

115 Dieses Bier hat dann auch einen European Beer Star gewonnen. Ich glaube, in Bronze.

schon damals, das Geld wäre besser investiert gewesen, hätte man es in die Schulung der GastronomInnen gesteckt. Die neun Wirtsleute wurden nacheinander von einer Mitarbeiterin der PR-Agentur in einen Raum geführt, der eigens für unsere Interviews reserviert war. Das erste Gespräch begann ich im Bier-Fachjargon. Sehr bald musste ich aber erkennen, dass mein Gegenüber vom Bier so gut wie gar nichts wusste. Außer vielleicht, dass es gelb sei und ihm selber nicht so wahnsinnig gut schmecke. Er gab zu, „eigentlich" ein Weinfreak zu sein. Als ich nachfragte, warum er denn glaube, zum Landessieger gekürt worden zu sein, schaute er mich fragend an und antwortete in ebensolchem Ton: „Weil ich das X (er nannte ein bestimmtes Bier aus dem Sortiment) führe?!" Der Gewinner aus Wien war nämlich nicht nur Gastronom, sondern selbst Winzer. Er gab zu, beim Bier jedoch nicht gerade zuhause zu sein. Ich erspare Ihnen die Qualen, die ich in den weiteren Gesprächen selbst erleiden musste und fasse zusammen: Gähnende Leere dort, wo ich etwas fortgeschrittene Hopfen- und Malzkenntnisse erhofft hatte. Von echter Bierkultur war wenig zu erkennen, auch nicht beim späteren Bundessieger. Fazit: Auch die Brauereien haben einen erheblichen Anteil am Mangel an Bierkultur. Denn wer solche Sieger auswählt, kann das wohl nur aus Überlegungen tun, die irgendwie mit dem Wort „Hektoliter" zu tun haben müssen. Ich würde mir sehr wünschen, dass jemand, der dieses Buch anno 2038 zufällig liest, seinen Kopf schüttelt und denkt: „Das gibt es nicht, dass die Wirte damals noch so ahnungslos waren. Ich lese nicht mehr weiter, sondern bestelle mir lieber ein Brett-IPA und lass es mir im mundgeblasenen Glas servieren".

Im Frühjahr 2013 hat wieder einmal ein Wirt zu mir gesagt, dass er vom Bier nicht allzu viel versteht. Aber nicht in einem Interview und auch nicht als Super-Bierwirt des Jahrzehnts. Obwohl er nach meiner Überzeugung durchaus darauf hinsteuert. Der gute Mann hat sich nämlich kurzerhand Hilfe geholt. Und wird prompt von ein paar Diplom Biersommelièrs betreut. Im Wiener Steakhaus „Huth Da Max" kann man seit Sommer 2013 mehr als 30 hervorragende internationale Craft-Biere bestellen. Huth ab! Auch vor Niki Riegler, einem der beiden Inhaber der Hirter Brauerei. Er hat das ganze initiiert. Auch in dem Bewusstsein, dass durch diese Maßnahme „pro Bierkultur" ein paar Liter Hirter (die Kärntner Brauerei stellt den Großteil der Fassbiere) weniger getrunken werden. Das nenne ich Leidenschaft für das Bier.

Private Brauereien

Craft-Bier ist, das haben wir nun gesehen, eine (Lebens-) Einstellung, eine Haltung, eine Philosophie. Ein Craft-Bier kann aus unterschiedlichen Brauerei-Typen kommen, sogar aus einer Konzernbrauerei. Es ist dennoch kein Zufall, dass vieles Gebräu dieser Art privat gebraut wird. Aber, was ist das denn überhaupt, eine „private Brauerei"?

Verwendet man den Pluralbegriff „private Brauereien", macht man keinen Unterschied zwischen einer Mehrzahl solcher Betriebe und ihrer Interessenvertretung „private Brauereien[116]", wie der Hauptgeschäftsführer des Verbandes Private Brauereien Deutschlands, Werner Glossner selbstbewusst festlegt. Mit ihm gemeinsam bin ich 2012 dem Phänomen der „Privaten" näher getreten. Wir haben den Unterschied zwischen privaten Brauereien und dem Rest der Brauwelt herausgearbeitet – in einer Broschüre, die ich für den Verband texten durfte.

Konzerne, natürlich auch Braukonzerne, sind meist auf die Optimierung des Shareholder-Values ausgerichtet. Da geht es um Markteroberung durch Verdrängung oder „Schlucken". Da geht es um eher kurzfristige Planungen. Auch wenn, teilweise vehement, von den PR-Abteilungen und -Agenturen das Gegenteil behauptet wird. Diskontitis und das Ruinieren der Preise hilft fast immer den Größeren. Die Folge ist (und war insbesondere in den neunzehnachtziger Jahren) eine Verarmung der Produktlandschaft und ein Überhandnehmen mittlerer bis schlechter Bierqualität. Familienbrauereien denken hier systembedingt anders. Wer in sechster oder elfter Generation Bier braut hat, so er (oder sie) einigermaßen bei Verstand ist, Interesse daran, dass die siebte oder zwölfte Generation auch noch brauen und gut davon leben kann.

An dieser Stelle zeigt sich wieder einmal das Definitionsproblem. Gingen wir davon aus, dass Craft-Bier, wenn schon nicht „handgebraut", so zumindest „familiär" oder eben „privat" gebraut bedeuten soll, dann wäre jedes hand-, familiär- oder privat gebraute Bier „Craft-Bier". Wenn wir aber die – für mich – wesentlichen Aspekte Vielfalt und Qualität (und in weiterer Linie Kreativität und Innovationslust) heranziehen wollen, so sehen wir,

---

116 *Zum Beispiel Private Brauereien Bayerns oder Private Brauereien Deutschlands.*

dass einiges von dem ausscheidet, was hand- oder familiär gebraut wird. Leider braut nicht jede Familienbrauerei erstklassiges Bier und oder befördert die Vielfalt. Aber wir stehen auf der Seite der Guten. Und von denen gibt es viel zu berichten:

Handwerkliches Bier aus der Region

Hier verschmelzen gegenwärtige Megatrends miteinander. Zum einen die immer größere Aufmerksamkeit, die man der Herkunft von Lebensmitteln schenkt[117] und zum anderen der Trend zur Regionalität. In einer privaten Brauerei wird Bier von Menschenhand bewegt. Hier nähern wir uns wieder der Etymologie des Wortes „Craft" … Denn zum Handwerk gehören individuelle Brauverfahren, Rohstoffbezug aus der Region und vor allem traditionelle Bierherstellung mit langen Reifezeiten. Der „fünfte Rohstoff"! Im berühmten Reinheitsgebot vom 1516 war erst einmal von drei Rohstoffen die Rede: Hopfen, Wasser und Malz, die Hefe wurde erst viel später entdeckt. Und heute erkennen wir, dass für das Brauen natürlicher Biere (auch jener, die in Deutschland nach dem Reinheitsgebot gebraut werden) ein fünfter „Rohstoff" immer wichtiger wird: Die Zeit.

Auch mit den besten Rohstoffen und ausgezeichnetem Geschirr kann man nur dann ein gutes Bier brauen, wenn man ihm die Zeit lässt, die es braucht. Das ist überhaupt nicht selbstverständlich! Das unterscheidet private Brauereien deutlich von Industriebier-Herstellern. Anonyme Gesellschaften schauen beim Brauen vor allem darauf, dass die Kosten minimiert werden. Zeit ist ein enormer Kostenfaktor. Wir haben das große Glück, dass private Brauer vom Streben nach Qualität geleitet werden – und ihren Bieren Zeit lassen können. Warum ist die Zeit so wichtig? Ist das nur eine romantische Idee? Nein, es gibt ganz konkrete Unterschiede zwischen einem raschest durchgeschliffenen Gebräu und einem wertvollen, behutsam gebrauten Bier: Durch längere Gärung bei tiefen Temperaturen und durch lange, kalte Reifung entstehen viel bessere Aromen. Außerdem wird das Bier angenehmer, wenn man ihm beim Reifen Zeit lässt. Die weitaus bekömmlichere Gärkohlensäure entsteht und wird – mit der Zeit (!) – optimal in das Bier eingebunden.

---

117 In Deutschland mittlerweile fast ebenso, wie schon seit einigen Jahren in Österreich.

Wie schmeckt „Regionalität"?

Jede einzelne Region kennt einen individuellen Geschmack. Im Bier spiegeln sich Wasser (seine Mineralstoffzusammensetzung ist „Terroir pur"), Luft, Erde und die Gebräuche der Gegend. Die Brauer stehen für die Region, die Stadt, die Ortschaft in der sie brauen. Regionale Marken und Biere erzählen Geschichten, die den Genuss verstärken. Regionale Produkte schaffen Sicherheit durch Transparenz. Regionalität fördert den Gemeinsinn und stiftet so Identität. Auch das Umweltbewusstsein verlangt nach kurzen Wegen. Wer sich an regionalen Produkte erfreut kann auch ein gutes Gewissen genießen: kurze Transportwege, Arbeitsplätze „vor Ort", Wertschöpfung in der Region.

Was ist eigentlich so besonders an den Kleinen, Privaten?

Private Brauer bringen sich ein. Sie stiften Lebensgefühl und Kommunikation – vor allem „auf dem flachen Land". Sie bringen Menschen zusammen, beraten und unterstützen ihre Kunden, zu denen auch die Wirte gehören, persönlich, oft auch nach Dienstschluss. Feste sind der Kitt der Gesellschaft. Viele Feierlichkeiten wären ohne Bier gar nicht möglich. Aber nicht nur, weil der „Stoff" so gut ist. Brauer stellen Equipment, Räume, manchmal sogar das gesamte Brauereigelände zur Verfügung. Oft ergreifen sie selbst die Initiative. Zumindest packen sie zu, helfen mit ihrer Erfahrung. Sie stehen mit ihrer Familie persönlich in der Verantwortung. Ihre Mitarbeiter sind für sie mehr als nur Arbeitskräfte, sie sind Teil der großen Brauereifamilie. Viele Gemeinsamkeiten – dabei sind sie höchst verschieden. Es gibt unter den Privaten kleine und mittelgroße Brauereien, traditionalistische und hypermoderne. Wir finden private Brauereien in allen Regionen und Führungskräfte jeden Alters und beider Geschlechter: Brauer und Braumeister können „Bier-Weise" in hohem Alter oder frische, vor lauter Ideen strotzende Jugendliche sein. Immer mehr junge Frauen ergreifen den Beruf der Braumeisterin oder andere wichtige Berufe im Bier.

Vielfalt lässt sich nicht mehr verhindern

Das Craft-Bier-Movement hat in seiner Intensität und in seinem nachhaltigen Erfolg die Brauriesen offenbar überrascht und auf dem falschen Fuß erwischt. Wohl auch zu spät, um lobbyistisch gegen die Biervielfalt vorzugehen – etwa mittels aufwändiger Sorten- oder Stilzulassungen. Sagen Sie nicht, „der Biersepp" spinnt jetzt endgültig, so ein Gedanke ginge viel zu weit. Ich verweise nur auf Monsanto, auf Gesetze, die das Herstellen von Rohmilchkäse erschweren oder unmöglich machen oder auf das Verbot von Hofschlachtungen. Unter dem Deckmantel der Hygiene wurde hier und dort vieles durchgepeitscht, was der Lebensmittelindustrie weitere Gewinne und vor allem Marktanteile bescherte und uns wieder um ein großes Stück Vielfalt und Regionalität ärmer gemacht hat. Mit viel Geld kann man viel bewirken. Welche Kraft solche Lobbies entwickeln, zeigt sich am Verhalten des österreichischen Landwirtschafts- und Umweltministers, der sein eigenes Ansehen im Frühjahr 2013 selbst stark beschädigt hatte, als er sich, getrieben durch die Interessen der Agrarindustrie, gegen ein Verbot der Bienengifte (eines der positiven Signale aus Brüssel) gestemmt hatte und erst durch einen unerwartet deutlichen Sturm der Entrüstung des Volks auf den rechten Weg gebracht wurde.

Dass Österreich bei weitem nicht korruptionsfrei ist, zeigt der im Sommer 2013 verhandelte Telekom-Hochegger Fall. Ich verfolge diese Geschichte mit besonderer Aufmerksamkeit, denn Peter Hochegger wollte in den neunzehnneunziger Jahren einmal meine Agentur kaufen. Gemeinsam mit uns[118] hätte Hochegger und Partner schon damals Herrn Rosam[119] überholen können. Aber wir wollten lieber unabhängig bleiben. Damals hatten wir keine Ahnung, als wie gut sich diese Entscheidung einmal erweisen würde.

Am Bier-Etat vorbeigeschrammt. Ein Ausflug in meine Vergangenheit als Werbe- und PR-Mann

Außerdem hatten wir Lobbying nicht im Angebot. Wir unterstützten heimische Unternehmen wie ELK-Fertighäuser und den damals gerade im Europacup erfolgreichen Fußballklub SK Rapid sowie die österreichischen Filialen internationaler Marken wie Vichy oder Nokia mit ganz klassischen Maßnahmen (Aussendungen, Pressekonferenzen, Einzelgespräche). Nokia Mobile Phones kletterte während unserer Zusammenarbeit vom dritten auf den ersten Platz. Die Techniker des finnischen Konzerns waren sehr innovativ und konnten weit in die Zukunft blicken[120].

---

118 Der PR-Bereich von Hofbauer, Wejwar und Partner lag damals auf Platz Sieben der Austro-Top-Ten der PR-Agenturen.
119 Marktführer mit „Publico".
120 Ich moderierte Mitte der Neunzehnneunziger einen Zukunftsworkshop mit dem damaligen Nokia-Österreich-Chef Jens Schulzer, ich glaube er hieß so, erzählte staunenden Technik-Journalisten, wie sich der Markt der Mobiltelefonie in drei und in fünf Jahren präsentieren wird. Er hatte, ex post betrachtet, in jedem einzelnen Detail recht. Unglaublich, wie ein (damals) so gutes Unternehmen durch zunehmende Arroganz (die sich in Ansätzen schon gezeigt hat) die weltweite Top-Position verspielen kann. Apropos: Schauen wir einmal, was sich in der nächsten Zeit bei Apple tut.

Biermarke betreuten wir in der Agentur Hofbauer, Wejwar & Partner leider keine. Damals hatte ja auch niemand in unserem Laden eine Ahnung vom Bier, auch ich noch nicht. Hätten wir aber geahnt, wie ahnungslos fast alle ManagerInnen von Bier-Etats heute noch sind, zumindest was das Brauen und Bier im Allgemeinen betrifft, so hätten wir uns fachlich sofort auf unser Leibgetränk gestürzt. Physisch stürzte sich einer meiner Partner täglich auf sein Bier. Nach einem harten Arbeitstag (und wir hatten keine weichen) fuhr er oft spät mit dem Aufzug aus unserem herrlichen Penthouse an der Ringstraße ins Erdgeschoss, wo eine kleine Café-Bar zum Verweilen einlud. Mein Partner lehnte jeden Tag nach Feierabend dort an der Bar, Gerhard der nette Wirt zapfte ihm (mindestens) ein Krügerl[121]. Böse Zungen hatten damals behauptet, mein Partner nütze den hopfigen Downer nicht wegen der Stunden, die hinter ihm lagen, sondern wegen jener, die nun auf ihn zukamen.

Bier war also omnipräsent, auch in unserer Agentur, etatmäßig hatten wir uns jedoch mit Softdrinks beschäftigt. Der berühmte „New York" TV-Spot „AmeliDudeli – What?" mit dem legendären Claim „Waunn de kann Oimdudla hobm geri wida haam!", war unserem verrückten, schottischen Art-Direktor eingefallen. Und zwar als er einen Abstecher nach Griechenland eingelegt hatte. Er verschwand immer wieder (manchmal tagelang), „um nachdenken zu können", wie er sagte[122]. Leider hatte ich selbst ein paar gute und ein paar sehr gute Ideen und Claims aber nie einen solchen Kracher wie jenen für das Kracherl[123]. Almdudler hat uns gleich nach dem ersten TV-Spot wieder rausgeschmissen. Das hat die Agentur natürlich sehr betrübt – endlich einmal ein Meilenstein der Werbegeschichte aus unserem Haus und weg ist der Kunde. Aber, wie schon meine Großmutter zu sagen pflegte: Es gibt nichts Schlechtes, das nicht auch etwas Gutes hat. Und so standen ein paar Herren, die davon Kenntnis erlangt hatten, dass unsere Agentur für den Softdrink-Sektor wieder frei sei. Die Herrschaften planten ebenfalls, Softdrinks zu erzeugen und beauftragten uns nach einigen Gesprächen mit der Markenbildung. Auf diese Weise entstand Ende der achtziger Jahre Radlberger – eine Marke, die fast 3 Jahrzehnte später im Wesentlichen so aussieht wie früher. Auch der Claim „Ein Sommer wie

---

121 In Wien der Ausdruck für „eine Halbe Bier".
122 Solche Ideen, wie der Almdudler Claim rechtfertigen doch jede Auszeit, oder? Meine Partner waren da ganz anderer Ansicht, was letztlich mir an seiner Stelle den Einstieg als CO ermöglicht hatte.
123 Kracherl ist der Alt-Wiener Ausdruck für Softdrink oder Kohlensäurehaltige Limonade. Viel schöner, oder?

damals" hielt lange durch, wenn er auch nicht ganz so einschlug wie sein almdudlerischer Bruder. Radlberger gehört in das Egger-Imperium, das später, ebenfalls in Unterradlberg (!) nahe Sankt Pölten, eine Bierbrauerei betreibt. Die Brauerei wurde erst kürzlich auf den technisch neuesten Stand gebracht und zählt zu den modernsten Europas. Bernhard Prosser führt dort das Marketing. Ich plauderte mit ihm am Bierkongress in Düsseldorf, bei einem Füchslein Alt. Erzählte ihm meine alte Agenturgeschichte. In wenigen Tagen werde ich in seinem Auftrag mit Damen, die das Magazin „Wienerin" ausgewählt oder -gelost hat, Radler mixen. Jetzt darf ich doch einmal für Egger arbeiten. Als Agenturchef war mir das verwehrt geblieben, auch wenn wir uns noch so um das Bier bemüht hatten. Egger-Bier ließ seinerzeit durchblicken, dass es im Konzern nicht üblich sei, dass eine Agentur zwei große Bereiche betreut und man brauche uns doch, als Radlberger-Werber.

Dass wir überhaupt PR angeboten hatten, war meine Idee gewesen. Bis zu meinem Einstieg waren Public Relations in der Agentur eher belächelt worden. Vor allem weil in den neunzehnachtziger Jahren bei der „Klassik" also bei TV, Radio, Plakaten oder Anzeigen, die Relation zwischen Aufwand und Rechnungssumme weit günstiger für eine Agentur war, als bei den arbeitsintensiven PR. Dennoch war die Entscheidung in Richtung „integrierte Kommunikation" eine richtige, weil sich die Märkte veränderten und PR eine gute Möglichkeit boten, auch als kleine, heimische und inhabergeführte Agentur noch an internationale Etats heranzukommen. Wir hatten Vaillant Heizsysteme gewonnen und jener Partner, der das Unternehmen betreute, setzt sich in zahlreiche Heizungstechnikerschulungen. Seiner Überzeugung nach konnte man eine solche Firma nur dann kompetent betreuen, wenn man sich bei den komplizierten Produkten sehr gut auskennt. Ich teile bis heute seine Überzeugung. Umso verwunderlicher ist es für mich immer, mit welcher Ignoranz PR-Agenturen an das Bier herangehen. Ich bekomme täglich ein paar Presseaussendungen, nur wenige davon sind annehmbar. Technische Fehler sind nicht selten, obwohl man doch annehmen müsste, dass so etwas Wichtiges wie eine Presseaussendung vom Braumeister (der Braumeisterin) durchgesehen wird, bevor sie versendet wird? Erst jüngst wurde mir ein „Fact-Sheet" ausgehändigt, das vorgab, ein westösterreichisches Weißbier zu beschreiben. Unter „Hefe" las ich: „untergärig". Wenn die Verwechslung der Gier (unter versus ober) die einzige bierige Unzulänglichkeit auf diesem Etat gewesen wäre, hätte man an einen (saublöden) Tippfehler denken können, aber dem ist leider bei Weitem nicht so. Es ist der Agenturinhaberin offenbar zu aufwändig, sich ein Minimum an Bierkompetenz zu sichern. Ich hatte schon vor einiger Zeit vorgeschlagen, wenigstens eine Etatbetreuerin biermäßig zu schulen – ohne Erfolg. Neben fachlicher Ahnungslosigkeit und Unwilligkeit wirkt sich sprachliche Inkompetenz schlecht auf die Qualität der Bier-PR-Texte aus. Gutes Deutsch ist heute selten geworden, leider gerade bei TexterInnen. An die Stelle von Lernbereitschaft ist ein gewisser Trotz getreten. Anders kann man es nicht nennen, wenn die VerfasserInnen von Pressetexten immer wieder überzogene Attribute und unglaubwürdige Superlative einbauen.

Es wäre für Craft-Bier-Brauer eine ausgezeichnete Möglichkeit, sich nicht nur mit den Produkten, sondern auch mittels Sprache vom bierigen Aller-lei abzuheben. Wie sollen sie kommunizieren? Ich empfehle eine klare, schnörkellose, eher einfache Sprache. Sie soll mit Botschaften und einfacher Schönheit punkten, so wie das ein gutes Craft-Bier macht. Sie soll nicht versuchen, es allen recht zu machen. Wenn man über ein Bier mit Kanten schreibt, kann man durchaus auch einmal sagen, wem es voraussichtlich nicht schmecken wird. Vor allem aber sollte man marktschreierische For-meln vermeiden. Und alle Floskeln, die schon so abgedroschen sind, dass sie nur mehr kommunikative Leerstellen repräsentieren, kann man getrost weglassen. Überhaupt ist es besser mit wenigen Worten zum Ziel zu kom-men. Gute Werbe- oder Pressetexte unterscheiden sich da stark von einem Buch-Text. (Ich hoffe, Sie haben bis hierher gelesen.)

Kompromisslosigkeit

Sieht man sich verschiedene Brauereien und ihre höchst unterschiedlichen Ergebnisse näher an, dann entdeckt man – bei den erfolgreichen – neben der Leidenschaft sowie den Bekenntnissen zu Vielfalt und Qualität noch einen weiteren Erfolgsfaktor: Kompromisslosigkeit. Ohne sie kann man keinen Durchbruch erzielen. (Und wer möchte das nicht?) Ich muss immer wieder beobachten, wie auch die Umsetzung guter Konzeptansätze schei-tert, weil sie nicht kompromisslos durchgeführt wird. Da ist es egal, ob diese nun den Begriff „Craft-Bier" enthalten oder nicht. Viele Konzepte sind aber bereits in ihrer Theorie von Kompromissen durchzogen, wie ein saftiges Stück Schopfbraten[124]. Leute, die nicht in der Werbung arbeiten, können sich kaum vorstellen, worauf Auftraggeber in einer solchen Situation auf einmal Rücksicht nehmen: Traditionen, Zielpersonen, Mitarbeiter, Aspekte, ... Sie, verehrte LeserInnen, haben kaum eine Ahnung, was einem im Laufe von 35 Jahren Marketing alles unterkommt – es sei denn, Sie arbeiten selbst in der Kommunikationsbranche.

Die beeinflussende Marktkommunikation hat, zumal im Paarlauf mit aktivem Verkaufen, immer etwas von einer kriegerischen Auseinandersetzung. Daher rührt auch der martialische Fachjargon (Markteroberung, Impact, Penetration und vieles mehr). Ja natürlich: Es ist gut, wenn man Rücksicht nimmt. Auf die Natur, die Umwelt, auf die Gesundheit der Mitarbeiter und Kunden. Aber auf den „Geschmack"? Ein selbstbewusster Bräu, eine souveräne Bräuin prägt den Geschmack! Sowohl den seiner oder ihrer Biere, als auch jenen der Marke, der Werbung, der Veranstaltungen, der Ideen, der Ausstattung des Braugasthofes. Wer ständig die Stirn runzelt und sich den Kopf darüber zerbricht, was diese oder jene Person oder Gruppe von jener oder dieser Maßnahme halten wird, kann kaum einen schlagkräftigen Werbefeldzug[125] auf die Beine stellen. Fasst man den Plan, dass die Verkaufszahlen einer Brauerei (oder einer ihrer Produktlinien) durch die Decke gehen sollen, klappt das nur mit einer gehörigen Portion Mut und Kompromisslosigkeit. Eine gut gefüllte Kriegskasse (sic!) ist natürlich auch hilfreich, aber es muss sich nicht immer gleich um Millionenbeträge handeln. Gewiss, es gibt auch schlechte Konzepte und falsche Ideen. Oder die falsche Zeit für eine richtige Idee. Aber ein lauwarmer Plan und eine seichte Idee ... die sind immer falsch.

Ich habe einmal den folgenden Satz gelesen: „Angst ist ein schlechter Ratgeber[126]". Das Diktum ist mir im Kopf hängen geblieben. Ich krame diese Aussage immer dann hervor, wenn ich Gefahr laufe, eine hasenfüßige Halblösung in Erwägung zu ziehen. Dominiert in einer Brauerei etwa die Angst vor Absatzrückgang oder dem Verlust von Stammtrinkern, werden nicht selten „weiche" Lösungen angestrebt. Dann tritt man auf den Markt, wie

---

124 Eine österreichische Schweinebraten-Variante; im Deutschen „Nacken" im Englischen „Neck". So ein Stück Fleisch ist von feinem Fett durchzogen. Gutes Ausgangsmaterial für die Herstellung einer Speise zu bierigen Klassikern, wie Festbier.
125 weitere kriegerische Marketing-Vokabeln.
126 Stimmt einerseits, andererseits auch wieder nicht. Wenn man bedenkt, dass Angst zu Adrenalinausschüttung führt und einen „alarmiert", dann ist sie ggf. ein recht guter Ratgeber. Wenn man die Zeichen richtig deutet und ausweicht oder aufpasst etc.

jemand, der mit einer aufblasbaren Gummi-Axt in die Schlacht[127] zieht. Wer mit seiner Kampagne niemandem wehtun will, fährt auf Kuschelkurs – auch mit seinen Mitbewerbern. Ob wir es wahrhaben wollen oder nicht: Am Biermarkt herrscht Krieg. Wer das nicht aushält, sollte sich lieber eine andere Branche aussuchen – so man heute überhaupt noch eine friedliche und zugleich erfolgversprechende findet.

Hier möchte ich die etwas abgenutzte Metapher „David gegen Goliath" ins Spiel bringen. Wendet man sie auf Craft-Bier versus Brau-Riesen an, dann geht man davon aus, dass die Craft-Brauer klein (aber zugleich stark und geschickt) sind. Sie entwickeln Strategien der Flexibilität und Individualität gegen die vermeintlich unbeweglichen Brau-Riesen. Logischerweise kann eine kleine inhabergeführte Firma Ideen meist rascher umsetzen, als ein Konzern – man sollte jedoch die Reaktionen der Großen nie unterschätzen. So hat beispielsweise die Bitburger Gruppe erst im Frühsommer 2013 eine eigene Marke, das „Craftwerk", präsentiert. Die Website ist ganz in jenem Stil gehalten, den man zurzeit offenbar mit „Craft-Bier" assoziiert. Natürlich strotzt sie vor Anglizismen – Brewing, Shop, Merchandise, … Alles ist „cool" durchgestylt, auch das verbinden gewisse Kreise heute mit dem Begriff „Craft-Bier". Wenn man sich drei „stylishe" deutsche Craft-Biermarken anschaut: Camba, Craftwerk und Crew Ale, von der Optik, von der Typografie, von der grafischen Sprache her, sind sie wie eine Familie. Dass alle 3 Marken mit „C" (wie Craft) beginnen, ist vielleicht Zufall. Aber vom Hintergrund, von der Brautradition her, gibt es große Unterschiede. Da gibt es die Camba Bavaria, eine kleine Privatbrauerei, mit der in nur wenigen Jahren auf einen mittelständischen internationalen Player erstarkten BrauKon im Hintergrund und verrückten 40 Bieren (und manchmal mehr) im Sortiment. Hier ist die große Brauerei Bitburger, welche ihrer Versuchsbrauerei nun auch ein – zunächst kleines – Sortiment erlesener Verkaufs-Biere entlockt und da sind zwei äußerst geschickt agierende Männer, die mit „Crew Ale" eine Marke gegründet haben und um ihr Lager aufzufüllen, immer wieder Sude bei Lohnbrauereien, zum Beispiel in einer niederbayerischen Schlossbrauerei, in Auftrag geben. Ich habe schon einige Leute getroffen, die mit dem Auftreten des letztgenannten Duos nicht ganz einverstanden sind. Gestandenen Brauern stinkt es, wenn zwei

---

127 *Sehen Sie: Man kann sich an martialischem Gerede durchaus begeilen…*

geschickte Marketingmenschen sich als Bierbarone gerieren und nicht einmal selber brauen. Immerhin sind die beiden seit 2013 Biersommeliers. Aber gegen die[128]gibt es ja auch schon hier und da einige Vorbehalte.

Die ersten drei Biere des Craftwerk-Sortiments sind klug gewählt. Ein Single Hop Pale Ale, ein Belgian Style Tripel und ein American India Pale Ale. Da gibt es das „Tangerine Dream"[129], es bringt die erst 2012 zugelassene Hallertauer Hopfen-Neuzüchtung „Mandarina Bavaria" ins Spiel. Da gibt es ein Triple nach belgischer Brauart namens „Holy Cowl" und da gibt es das unvermeidliche IPA, genauer das „Hop Head IPA[7]" mit sieben unterschiedlichen Hopfensorten. Meinen bier.pur-Kolumnisten „Mister Hophead" wird es gewiss freuen. Wer hat, der hat. Bitburger hat: Eine Versuchs- und Spezialitätenbrauerei und das seit 1991. Diese Anlage wurde nun, in einem geschickten Akt in das Konzept „Craftwerk Brewing" einbezogen. Schön, wenn man etwas ganz Neues gleich mit einer jahrelangen Geschichte beginnen kann! „Mehr als 2000 Versuchssude", welche nagelneue Craft-Bier-Marke kann das schon von sich behaupten? „Unsere Braumeister der Versuchs- und Spezialitätenbrauerei entwickeln in der 20-Hektoliter-Anlage unter anderem neue Maisch- und Gärverfahren sowie Methoden zur Hefereinzucht. Doch auch die beste und modernste Technik kann nur dann zu einem hervorragenden Ergebnis führen, wenn sie von Menschen eingesetzt wird, die neben hohem Know-How und großer Kompetenz auch die Obsession für das Brauen und den absoluten Willen haben, die beste Qualität zu erreichen. Dafür drehen unsere Braumeister der Pilotbrauerei seit über 20 Jahren an jeder noch so kleinen Schraube – denn es gibt immer einen Weg, noch besser zu werden".

Schon Anno 2009 hat man in Bitburg mit einem India Pale Ale ein Bier eingebraut, das nicht einfach nur zu Versuchszwecken oder für eine Betriebsfeier vorgesehen war, sondern als Vorreiter des nun veröffentlichten Sortimentes gilt. Die Marke und den URL craftwerk.de haben sich die Bitburger wohl schon vor längerer Zeit geschützt, vielleicht haben sie ihn auch zugekauft. Denn als ich 2011 die Craft-Bier-Marke Propeller kreiert habe, bin ich als alter Kreativer natürlich auch bald auf das Wort „Craftwerk" gekommen, es ist ja auch zu naheliegend – und zu schön. Allerdings

---

128 *Ich muss sagen „uns", denn ich bin auch einer.*
129 *In Absprache mit Universal Music?*

ergab mein Check, erwartungsgemäß, dass die Wortmarke nicht mehr frei war.

Kürzlich hat Felix, der Bierblogger, einen guten Artikel zum Craftwerk veröffentlicht. Auch er findet die Biere ausgezeichnet. Kein Wunder, mit einer mittelmäßigen Qualität hätte sich ein solcher Betrieb niemals auf den Markt getraut. (Keine Kompromisse!) Am 18. Juli 2013 hat der User „omitz" im web-Forum der Hobbybrauer das Folgende gepostet: „Bitburger geht mit einer neuen Craft Bier Marke an den Start. Aktuell gibt es drei Sorten. […] Hat das schon jemand probiert? Und wie bewertet man das jetzt? Ist das für die Bierlandschaft positiv oder negativ?" Lieber omitz, mit dieser Frage hast du den Nagel auf den Kopf getroffen. Um dieses Problem dreht sich das ganze Buch. Ich werde dir ein Exemplar schicken, wenn ich es endlich fertig kriege.

„Putzfrauentests"

Wenn Angst ein schlechter Ratgeber ist, „Putzfrauentests"[130] sind noch weit schlechtere. Solche werden ja schon lange durchgeführt, besonders gerne mit Familienmitgliedern als Testpersonen. Das größte Problem dieses fragwürdigen „Verfahrens" besteht darin, dass die angesprochene Person alleine dadurch, dass sie angesprochen wird, glaubt „Kritik" äußern zu müssen. Und unter „Kritik" wird landläufig negatives Gemäkel verstanden und nicht konstruktives Urteil. Solche „Testpersonen" denken, dass ein einfaches „Ja, eh gut" die Person, welche den „Test" durchführt, enttäuschen würde. Also wird gemäkelt, weil man sich dazu verpflichtet fühlt. Man bekommt bei einem solchen „Verfahren" also ganz selten einfach Zustimmung. Sie haben wahrscheinlich keine Ahnung, wie häufig solche „Tests" über wohl und wehe von Entwürfen und Konzepten entscheiden. Der Satz „Ich lass dich schnell etwas kosten", kann das Ende eines köstlichen Craft-Bieres sein, bevor es überhaupt einmal auf den Markt gekommen ist. Auch für Kommunikationsmaßnahmen kann ein solcher „Test" letal enden. Ich habe Mitte der Neunzehnneunziger sogar einmal eine fixfertige Fernsehkampagne einstampfen müssen. Die Gattin meines Kunden hatte sich anlässlich seiner „Test"-Vorführung (im Fernsehsessel nach dem Abendessen) despektierlich über ein Detail[131] im Spot geäußert. Mein Auftraggeber war über die Reaktion seiner Frau so grantig, dass er alles storniert hat. Und das obwohl, oder vielleicht sogar weil, er in jeder Phase des monatelangen Kreations- und Produktionsprozesses dabei gewesen war. Obwohl er jeden Schritt einzeln abgesegnet hatte. Stornogebühren für die gebuchten TV-Termine in astronomischer Höhe, eineinhalb Millionen Schilling Produktionskosten, … all das war es ihm wert, nie wieder den benörgelten Spot sehen zu müssen.

Viele meiner Erfahrungen in den Bereichen Bier-Markenbildung, Bierwerbung und Produktlinien im Bierbereich sprechen eine ähnliche Sprache, wenn auch die meisten keine so teuren Anekdoten abgeben. Schlägt man ein mutiges und impactstarkes Konzept vor, dann kennen die Brauer auf einmal ihre Zielgruppen ganz genau. Sie „wissen", dass „meine Kunden so

---

130 *Vergeben Sie mir bitte diese völlig unkorrekte Worthülse. Sie stammt aus einer Zeit in der noch hauptsächlich Frauen Putzdienste geleistet haben. Damals hatten halb gute Werbeagenturleute die schlechte Angewohnheit mit Layouts zur nächtlichen Stunde auf den Flur zu treten und sie einer Dame des Reinigungspersonals vor die Nase zu halten: „Wie gefällt Ihnen das?"*
131 *Nebenbei bemerkt: Das Detail hätte man mit einem Umschnitt problemlos entfernen können.*

etwas nicht wollen." Hat man ein seit Jahren treues, aber stetig kleiner werdendes Zielpublikum[132], dann überwiegt oft die Angst, man könnte aus diesen Reihen noch jemanden verlieren. Bildlich gesprochen hängen manche Brauer an den Füßen jedes einzelnen Pilstrinkers, der die eigene Marke bevorzugt. Sie lassen sich „mitschleifen" und übersehen auf diese Weise potenzielle Zielgruppen, vielleicht sogar jüngere.

Wenn ein auf diese „vorsichtige" Art und Weise zustande gekommener „Relaunch"[133] nicht den erhofften Durchbruch bringt, ist natürlich die Agentur schuld. Das ist sie auch tatsächlich. Denn sie hatte nicht den Mumm, an dieser Stelle den Auftrag zurückzulegen[134]. So etwas geschieht natürlich meist um wirtschaftlichen Schaden abzuwenden, Agenturen arbeiten heute mit engen Margen. Und schon dreht sich der Teufelskreis weiter. Vor nicht allzu langer Zeit saß ich in einer Besprechung in den Räumen einer Brauerei. Man holte eine Mitarbeiterin, damit sie mir „aus erster Hand" mitteilen möge, auf welche Weise die Zielgruppe auf unsere Kampagne reagiert. Die „Zielgruppe" bestand in Wahrheit aus einem Stammtisch, den die gute Frau zu frequentieren pflegt. Man hätte sie wegen des neuen Slogans schief angeredet und ihr klargemacht, dass er unverständlich sei. Ich hegte den Verdacht, dass einige Mitglieder der Stammtischrunde Lust darauf gehabt hatten, die gute Frau ein bisschen zu ärgern. Vielleicht, weil sie wussten, dass die Kollegin selbst nicht allzu begeistert war von den „neuen Tönen" und reagierte dementsprechend. Wahrheitsgemäß zeigte ich mich begeistert – dass die Leute auf eine Kampagne, die mit so geringen finanziellen Mitteln durchgeführt wird, so stark reagieren, könne man nur als großen Erfolg betrachten. Verschnupft verließ die Dame das Besprechungszimmer.

Einige Lenze zuvor war ich von einer Brauerschulen-Absolventenvereinigung eingeladen worden, auf deren Jahrestag ein Referat zu halten. Das Thema wurde vorgegeben. Ich sollte über den Zauber rund um die neuen Biersommeliers reden. Ich nutzte die Gelegenheit, um von den damals noch recht selten im Markt sichtbaren „Gourmetbieren" zu sprechen. Unter den

---

132 Etwa durch Überalterung – ein Phänomen der Bierbranche, dem man gerade mit „hippen" oder „coolen" Craft-Bier-Marken zu Leibe rücken kann

133 Marketing-Fachwort für „Neustart", das vor allem gebraucht wird, wenn eine Marke neu gestaltet wird. Und schon wieder martialisch – das Wort „to launch" wird für den Start einer Rakete verwendet.

134 Dieses Urteil beziehe ich durchaus auf einige eigene Entscheidungen.

Teilnehmern waren einige Besitzer von kleinen oder mittelständischen Brauereien. Sie zeigten sich von dem in Deutschland schon seit Jahren wütenden Bier-Preiskampf genervt. Ich brachte also die Gourmetbiere als Beispiel, dass man mit Kreativität und vor allem mit besonderer Qualität auch ganz andere Preise pro Einheit erzielen kann: etwa mit Bieren in 0,75 Liter Flaschen, edel aufgemacht, mit erlesenem Inhalt. Solche könne man, so argumentierte ich, „zu Preisen um die 10 Euro und darüber" verkaufen. Heute verlangt die Camba Bavaria 24,90 Euro für eine Flasche Barrel Aged Bock und andere holzfassgereifte Biere. Derlei Gebräu ist meist rasch ausverkauft. Wie so oft gestaltete ich meinen Vortrag emotional und leidenschaftlich, zum Schluss wurde kräftig applaudiert. Kurz danach kam ein Bräu zu mir und sagte: „Schön, was du da erzählt hast, das mit den Bieren um zehn Euro. Und vor allem, wie du vorgetragen hast. Hat mir gut gefallen. Nur eines sollst du wissen: Ein Bier um zehn Euro – bei uns würde so etwas nicht gehen."

Das wusste der gute Mann schon eine Minute nach dem Vortrag!? Ich hatte mir im Stillen gedacht: „Wenn du Kunden verlierst, so tut mir das ehrlich leid. Aber wundern würde es mich nicht". Ich kenne seine Brauerei, er macht recht gutes Bier, pflegt aber (wen wundert es) ein ziemlich konservatives Sortiment. Aufgrund des Preiskampfes gegen die Fernsehbiere aus dem Supermarkt verdient auch er mit Hellem und Pils nur mehr magere Margen. Jahrelange Absatzrückgänge haben Sorgenfalten in sein Gesicht geprägt. Die Qualität seiner Biere ist so hoch, dass ganz gewiss Leidenschaft für das Bier im Spiel sein muss. Der Betrieb ist klein, die Produktion „handwerklich". Ist das nun ein Craft-Brewer?

Ist das nicht egal? Bin ich endlich so weit, dass ich die zentrale Frage dieses Buches zur Disposition stelle? Zurück auf den Teppich: Das Wort „Craft" steht gewiss auch für eine neue Kraft im Bier. Für die Kraft einer Bewegung, die Kraft neuer, frischer Geschmäcker und einer großen Lust am Experimentieren. Wenn ich diese Geschichten Revue passieren lasse, dann bin ich mehr denn je überzeugt, dass nur Kompromisslosigkeit zum Erfolg führt.

Wir sehen das vor allem an den positiven Beispielen, an den Geschichten großer Erfolge. Die beginnen natürlich in den USA.

II
Die Einteilung der Biere

Lustvolles Chaos

In der Kategorisierung der Biere herrscht ein gewisses Chaos. Die längste Zeit ist man ohne genaue Einteilung der Brauprodukte ausgekommen, den Begriff „Bierstil" (der im nachfolgenden Absatz erklärt wird) pflegt man erst seit ein paar Jahren. Früher waren meist Herkunftsbezeichnungen üblich. Sogar das „Bockbier" ist eigentlich eine Herkunftsbezeichnung (auch das wird noch erklärt), Pils sowieso, das Wort wurde vom Namen der böhmischen (und zur Erfindung des Pilsbieres österreichischen) Stadt Pilsen abgeleitet – wir finden auch heute noch „Pilsener" oder „Pilsener Bier" auf Pils-Etiketten. Bezeichnungen, Einteilungen und Gesetze sind im Laufe der Jahrhunderte „gewachsen". Selbst im Codex Alimentarius, der heimische Bierkategorien rechtsverbindlich regelt, werden gewisse „Biersorten", wie es dort heißt, über die Stammwürze, andere wieder über den Alkoholgehalt festgelegt. Und auch innerhalb der Sorten gibt es Überschneidungen. Da bezüglich der Bedeutung der Begriffe Sorte, Marke, Stil und Kategorie im Bier verschiedene Auffassungen herrschen, wollen wir hier näher auf die Einteilung der Biere eingehen. Der Kreativität unserer (Klein-)Brauer sollen ja nicht allzu enge Grenzen gesetzt werden, also ist es für ihre Kundschaft gut, sich im lustvollen Durcheinander der Biere wenigstens ein bisschen auszukennen. Wenn wir in diesem Buch den Begriff „Sorte" verwenden, so meinen wir damit meistens ein konkretes Produktangebot einer einzelnen Brauerei. Für uns sind also zum Beispiel der **Gratzer Hermann**, das **Nicobar IPA** vom Gusswerk oder das **Styrian Ale** von Gerhard Forstner jeweils eine Biersorte.

Was ist ein Bierstil?

In einem Bierstil werden Biere ähnlicher Art zusammengefasst, auch, um sie miteinander vergleichen zu können. Bei der Festlegung der Parameter werden historisch gewachsene Stilelemente, wie etwa Farbe, Klarheit, Duft und Geschmack berücksichtigt. Die Stile werden in zweierlei Formen beschrieben – „qualitativ" (also mit Worten) und „quantitativ" (also mit Zahlen – vor allem Werte wie Alkoholgehalt, Bitter- oder Farbwert). Um Klarheit zu schaffen, definiert Der Biersepp den Begriff Bierstil wie folgt:

Ein Bierstil umfasst eng verwandte Biere und ist durch quantitativ messbare und qualitativ beschreibbare Kriterien festgelegt.

Orientierung an den Kategoriebeschreibungen des European BeerStar

Bier ist über sieben Jahrtausende „gewachsen". Es ist das älteste alkoholische Getränk der Welt. Die logische Folge ist eine enorme Vielfalt und – keine konzise[135] Einteilung oder Klassenbildung. Es gibt auch nicht so etwas wie eine Welt-Bierkommission, die für eine korrekte Klassifikation der Biere verantwortlich wäre. Am klügsten ist es aus unserer Sicht daher, auf die Klassen-Einteilungen der bedeutendsten Bier-Wettbewerbe zuzugreifen. Und zwar aus mehreren Gründen: Erstens sind sie **dynamisch** und nicht statisch. Das heißt, sie werden Jahr für Jahr von erstklassigen Profis überprüft und bei Bedarf korrigiert und/oder ergänzt. Zum zweiten sind sie recht **genau**. Verbal und numerisch. Die Veranstalter von Bierprämierungen tragen eine enorme Verantwortung. So kann etwa eine Goldmedaille den Verkauf einer Biersorte enorm beflügeln. Zum dritten ist es sinnvoll, sich an einer bereits ausgearbeiteten Kategorisierung „anzuhängen" und nicht schon wieder eine neue zu erfinden. Das würde die Verwirrung nur vergrößern, anstatt für Klarheit zu sorgen.

---

135 *konzis = knapp, präzise und prägnant*

Grundsätzlich gibt es viele Möglichkeiten, Bier einzuteilen, zum Beispiel nach den folgenden Kriterien (die Liste erhebt keinen Anspruch auf Vollständigkeit):

- Stammwürze
- Alkoholgehalt
- Stammwürze bzw. Alkoholgehalt (Der Österreichische Codex!)
- Hefe
    - Obergier (obergärige Hefe)
    - Untergier (untergärige Hefe)
    - wilde Hefen (Spontangärung)
- Herkunftsaspekte (traditionell das bedeutendste Kriterium)
- Malzsorten (bestes Beispiel: Rauchmalz)
- Malz aus alternativen Getreidesorten
    - Weizen (Weißbiere)
    - Roggen
    - Dinkel (Schwaben)
    - Emmer
    - Schwarzer Hafer und andere alte Getreidesorten
- Bittere (IBU= International Bitter Unit oder BE = Bittereinheit)
- Farbe (Farbwerte laut EBS-Skala)
- Ausbau (Barrel Aged, Oak Aged)
- Zusätzliche Rohstoffe (über Hopfen, Malz, Hefe und Wasser hinausgehend)
    - Zuckerbasis, wie z.B. Honig oder Kandiszucker
    - Früchte, die ebenfalls Ausgangs-Rohstoffe für Zucker (Fruchtzucker) sind, wie etwa
        - Kirschen (belgisches Kriek)
        - Himbeeren (Framboise)
        - Weintrauben oder Traubenmost (für Wein- oder „Hybrid"-Biere)
    - Würzpflanzen – neben Hopfen sind Kräuter, Hanf, Tabak und noch viel mehr möglich
    - Rohstoffe, die Aromen beisteuern, wie zum Beispiel Kaffeebohnen

Wie viele Bierstile auf der Welt zurzeit gebraut werden, kann niemand sagen. Eine brauchbare Schätzung geht von etwa 200 Bierstilen aus. Da es keine „offizielle" Stileinteilung gibt, muss man sich auch hier auf Schätzungen einlassen. Außerdem gibt es, dank der Kreativität unserer Braumeister, auch einige „Hybrid"-Stile. Wie bezeichnet man zum Beispiel ein stark gehopftes Spezialbier? Ist das ein Spezial-Pils? Wie ein Zwickel mit viel Weizenmalz, das mit einem Alkoholgehalt von 5,6 % Vol. abgefüllt wird? Was ist überhaupt ein „Zwickel"? Das ist doch kein Bierstil, sondern ein Sammelbegriff für unfiltriertes Bier. Die eine Brauerei zwickelt ihr Pils ab, die andere ihr Märzen, die dritte sogar ein Dunkel. Was ist „Rauchbier"? Im Grunde auch kein Stil, sondern ebenfalls ein Sammelbegriff für alle Bierstile, die mit Rauchmalz eingebraut werden. Alleine die Bamberger Brauerei Heller (Marke „Aecht Schlenkerla") erzeugt ein (Rauch-)Märzen, ein (Rauch-)Weizen, einen (Rauch-)Bock und weitere Rauchbier-Spezialitäten. Für den European BeerStar werden aber sinnvoller Weise[136] alle Rauchbier-Stile in eine Kategorie zusammengefasst. Dort finden wir also Einreich-Kategorien, die sich mit Bierstilen decken und solche, die mehrere Bierstile zusammenfassen. Das gilt dort zum Beispiel auch für die Kategorie Honigbier. Die Brauerei Hofstetten im Bierviertel (=Mühlviertel) erzeugt zum Beispiel ein Honigbier und einen Honigbock. Ihr Honigbier könnte in den Stil „Spezialbier mit Honig" eingereiht werden (Stammwürzegehalt!), ihr Honigbock unter den Stil „Bock mit Honig". Das Franstanzer Honigbier hingegen fiele in einen Bierstil „Vollbier mit Honig".

Die bedeutenden internationalen Wettbewerbe helfen uns bei der Einteilung. Zurzeit besonders wichtig ist der seit 1996 veranstaltete World Beer Cup (USA mit 85 Kategorien) und der European Beer Star (seit 2004, Bayern, 50 Kategorien). Zu diesem Wettbewerb können alle Brauereien weltweit einreichen. Der BeerStar heißt mit Vornamen „European", weil er ausschließlich Bierstile europäischen **Ursprungs** umfasst. Sein Träger ist die Vereinigung Privater Brauer Bayerns. Wir orientieren uns gerne an diesem Wettbewerb. Selbst wenn die Stilbeschreibungen und Kategorien markant auf Bayern (und Deutschland) zugeschnitten sind. Vielleicht gelingt es uns ja auch einmal, österreichische Besonderheiten dort stärker zu

---

136 *Um Medaillen zu verteilen bedarf es einer gewissen Anzahl eingereichter Biere. Rauchbiere (oder auch Honigbiere) sind insgesamt sehr selten, deshalb fasst der European BeerStar hier mehrere miteinander verwandte Bierstile in jeweils einer Einreich-Kategorie zusammen.*

repräsentieren – etwa in Bezug auf unseren Stil „Österreichisches Märzen".

Wir folgen hier der Methode des European Beer Star – Klassifikation durch das Doemens-Institut.

Analytik: Quantitative (durch Zahlen beziehungsweise zahlenmäßig beschreibbare Bandbreiten) werden unter Anderem festgelegt:

- Stammwürze (in Grad Plato)
- Alkohol in Gewichts- und/oder Volumsprozent
- Extrakt scheinbar (in Grad Plato)
- Bittere (in EBC)

Qualitative (verbale) Beschreibung

- Gier (Ober-, Unter-, Spontan)
- Vollmundigkeit
- Malzcharakter
- Hopfenbittere
- Hopfengeschmack und Geruch
- Reinheit (Hier wird etwa festgelegt ob fruchtige Ester und oder Diacetylgeruch „on style" sind oder nicht.)

Die Kategorien des European BeerStar

Apropos „dynamisch". Im Jahr 2011 gab es drei neue European Beer Star Kategorien.

- Holzfassgereiftes Starkbier
- Belgian-Style Witbier
- Imperial IPA

2013 wurde nach einer Pause wieder eine neue Kategorie einge-
führt. Scottish Ale – daher führt dieser bedeutende Wettbewerb
nun insgesamt 51 Einreich-Kategorien. Die Bezeichnungen sind
meist ein Sprachgemisch aus englisch und deutsch:

1) German-Style Leichtbier
2) German-Style Pilsner (hier hinein gehört auch österreichisches Pils –
früher gab es dazu zwei Kategorien – norddeutsches und süddeutsch-
österreichisches Pils)
3) Bohemian-Style Pilsner
4) German-Style Märzen
5) German-Style Festbier
6) German-Style Helles / Lager (hier passt das österreichische Märzen –
einigermaßen – hinein)
7) European-Style Mild Lager
8) European-Style Export (auch nicht exakt mit der österreichischen Auf-
fassung von „Export" zu vergleichen).
9) European-Style Dunkel („Dunkles Bier" aus Österreich passt hier
hinein)
10) German-Style Schwarzbier
11) Bohemian-Style Schwarzbier
12) German–Style Heller Bock (in Österreich wird üblicher Weise selten
zwischen hellen und dunklen Böcken unterschieden)
13) German–Style Dunkler Bock
14) German-Style Doppelbock
15) Belgian-Style Ale
16) Belgian-Style Strong Ale
17) Belgian-Style Dubbel
18) Belgian-Style Tripel (Siehe auch „Trappistenbiere – Seite 127)
19) Belgian-Style Gueuze Lambic (Spontangärung)
20) Belgian-Style Fruit Lambic (Spontangärung)
21) Belgian-Style Witbier (deutlich anders als „unser" Weißbier)
22) English-Style Mild Ale
23) English-Style Pale Ale
24) India Pale Ale (IPA)
25) Imperial India Pale Ale
26) English-Style Bitter

27) English-Style Golden Ale (Summer Ale)

28) Porter

29) Dry Stout

30) Sweet Stout

31) Imperial Stout

32) Düsseldorf-Style Altbier

33) South German-Style Leichtes Weizen

34) South German-Style Hefeweizen Hell

35) South German-Style Hefeweizen Bernsteinfarben

36) South German-Style Hefeweizen Dunkel

37) South German-Style Kristallweizen

38) South German-Style Weizenbock Hell

39) South German-Style Weizenbock Dunkel

40) Rauchbier

41) Herb and Spice Beer (hier gehört Hanfbier genauso hinein wie ein weihnachtliches Gewürzbier)

42) Speciality Honey Beer

43) German-Style Kellerbier Hell (die meisten österreichischen Zwickelbiere fallen hier hinein)

44) German-Style Kellerbier Dunkel

45) German-Style Kellerpils

46) Untergäriges Bier mit Alternativen Getreidesorten

47) Obergäriges Bier mit Alternativen Getreidesorten

48) Rot- und Bernsteinfarbenes Lager

49) Holzfassgereiftes Starkbier

50) Ultra Strong Beer

51) Scottish Ale

Ein in Österreich nach Trappistenart gebrautes Tripel wäre also unter „Belgian Style Tripel" einzureichen.

Die Einteilung österreichischer Biere nach dem Lebensmittelbuch

Das ist gleichsam die „offizielle" Biereinteilung. Zugleich die Basis für die Statistiken des Brauereiverbandes. Das wichtigste Unterscheidungsmerkmal des österreichischen Lebensmittelbuches ist die **Stammwürze**. Diese Kennziffer bezeichnet die wertvollen Bestandteile in der unvergorenen Bierwürze, wie sie das Sudhaus der Brauerei verlässt. Gemessen wird in Grad Plato. Außerdem ist die Stammwürze in vielen Ländern eine wichtige Basis zur Einhebung der Biersteuer. Ein Grad Stammwürze bedeutet, dass in 100 Gramm unvergorener Würze ein Gramm Extrakt – die gelösten Stoffe aus Malz und Hopfen – enthalten ist.

Umrechnung Stammwürze – Alkohol; Vergärungsgrad

Dieser Extrakt enthält hauptsächlich den Malzzucker (Maltose), Eiweißstoffe, Vitamine, Spurenelemente sowie die Bitter- und Aromastoffe des Hopfens. Der Stammwürzegehalt darf daher nicht mit dem Alkoholgehalt des Biers verwechselt werden. Grob rechnet man mit einer Drittelung: „Die Stammwürze wird mit Hilfe der Hefe etwa jeweils zu einem Drittel in Alkohol und Kohlensäure vergoren, das letzte Drittel der Stammwürze ist unvergärbarer Restextrakt"[137]. Bei dieser Aufteilung kann es jedoch zu Verschiebungen kommen, denn schließlich kommt es auf den Vergärungsgrad an, wie viel Alkohol und wie viel Restzucker im fertigen Bier zu messen sein werden.

Der Codex Alimentarius Austriacus

Um die Verwirrung der Konsumenten komplett zu machen, nennt das österreichische Lebensmittelbuch, der Codex Alimentarius Austriacus, für typisch österreichische Biere auch weitere Unterscheidungen. Etwa nach Alkoholgehalt (Leichtbiere haben einen Alkoholgehalt von max. 3,7 Vol.%) oder nach sonstigen Merkmalen (für die Erzeugung von **Weizenbier** muss der Anteil des Weizenmalzes mind. 50 % der Schüttung (=gesamte Malzmischung für einen Sud) betragen).

---

137 Ausnahmsweise zitieren wir hier einmal aus Wikipedia – Stand 11. Februar 2013.

Biersorten nach dem Codex, Überblick

- **Lager-/Märzenbier:** ausgewogen malziges, mild-hopfenbitteres, hellfärbiges Vollbier
- **Pilsbier:** untergäriges, stärker gehopftes, hellfärbiges Vollbier
- **Spezialbier:** Vollbier mit mind. 12,5 Grad Stammwürze
- **Weizenbier:** Aus mind. 50 % Weizenmalz
- **Zwickel-/Kellerbier:** unfiltriert, Trübung von Hefe und unlöslichen Eiweißstoffen
- **Leichtbiere** haben nicht mehr als 3,7 % Vol. Alkohol.
- **Alkoholarme Biere** haben nicht mehr als 1,9 % Vol. Alkohol.
- **Alkoholfreies Bier** hat nicht mehr als 0,5 % Vol. Alkohol.

Alkoholfreies Bier

Auch für alkoholfreies Bier wird im Sudhaus Bierwürze gebraut. Diese wird jedoch für AF-Bier auf unterschiedliche Weise weiter verarbeitet: Sie wird ohne Gärung (oder mit gestoppter Gärung) gereift oder dem fertigen Bier wird der Alkohol wieder entzogen.

Warum gerade 0,5?

Laut wissenschaftlichen Untersuchungen hat ein Alkoholgehalt bis zu 0,5 % keine physiologischen Auswirkungen. Er beeinträchtigt weder die Blutalkoholkonzentration noch die Reaktionsfähigkeit oder die Funktion der Leber. Achtung: Ein Bier darf „Alkoholfrei" heißen, wenn es maximal 0,5 % Vol. Alkohol enthält. Solche Biere sind natürlich für Kinder oder alkoholkranke Menschen völlig ungeeignet.

Für die meisten Menschen ist es aber gut möglich „alkoholfreie" Biere zu genießen – solche Biere sollten jedoch immer relativ kalt serviert werden (maximal! 7 °C), nur dann schmecken sie erfrischend. Es gibt ober- oder untergärige AF-Biere, erst seit wenigen Monaten werden auch in Österreich obergärige AF-Biere erzeugt (= alkoholfreies Weizen oder Weißbier). Eine große deutsche Marke hat voll auf so ein AF-Weizen gesetzt und damit einen Riesenerfolg, zumal mit der Markenpositionierung als Sportler-Getränk.

Alkoholarmes Bier
- Alkoholgehalt: max. 1,5 % Vol.

Alkoholarme und alkoholfreie Biere sollten also nicht verwechselt werden.

Leichtbier
- Alkoholgehalt: max. 3,7 % Vol.
- Stammwürze: 7 – 12 °

Dieses Bier hat weniger Kalorien und schmeckt am besten stark gekühlt (6 °C). Leichtbiere sind meist von heller Farbe, in der Nase eher zurückhaltend und am Gaumen schlank. Sie sind meist deutlich hopfenaromatisch, also im Nachtrunk feinherb. So wie bei der Herstellung von alkoholfreiem Bier wird hier die Alkoholbildung bei der Gärung gestoppt oder ein Teil des Alkohols nachträglich entfernt.

Sonderfall „Schankbier"
- Stammwürze: zwischen 9 – 11 °

Noch eine Bezeichnung, die für Verwirrung sorgt: Schankbier. Damit ist nicht **Fassbier** gemeint, sondern eine Biersorte nach dem Codex, die nach ihrem niedrigeren Stammwürzegehalt bestimmt wird.

Vollbier
- Stammwürze: mindestens 11 °
- Premiumbiere (Obersorte) haben rund 12,5 ° Stammwürze

Mit „Premium" bezeichnet man üblicher Weise einen eleganten, vollmundigen Bier-Typ mit geradlinig konstruierter Stilistik. Extraktreich und gerne auch fruchtig. Am Gaumen sind die Biere weich und rund. Sie haben ein ausgeprägtes Malzaroma und meist eine intensive Hopfennote im Nachtrunk.

Lager- / Märzenbier
ist die österreichische Bezeichnung für das landestypische, hellgelbe untergärige Vollbier (Siehe eigene Glosse). Es hat mind. 11 ° Stammwürze, ist ausgewogen – einerseits malzig, andererseits mild hopfenbitter. Die Farbe ist meist goldgelb, die Nase ist malzig, nussig oder fruchtig. Am Gaumen

sind die Biere entgegenkommend und leicht antrinkbar. Im Geschmack dominieren Getreide- und Brotaromen. Am ausgewogenen Märzen schätzt man auch, dass sich der Biertypus an die jeweilige Stimmung des Biertrinkers anpasst und nicht umgekehrt.

Pilsbier

zeichnet sich durch intensives Hopfenaroma aus. Es ist hellfarbig, erfrischend, kaum malzig und liegt in der Stammwürze bei mind. 11 °. Gerade für die fein nuancierten Pilsbiere ist eine gute Glaskultur von großer Bedeutung. Man nimmt am besten schlanke und dünnwandige Gläser. Pilsbiere sind durch ihre sehr helle Farbe gekennzeichnet. Sie sind im Duft erfrischend fruchtig – also eindeutig hopfig. Am Gaumen prickelnd und perlend, mit einer deutlichen feinen Hopfennote und einer markanten Bittere, die sich vom Antrunk bis zum Nachtrunk harmonisch durchzieht.

Pils, die Geschichte eines großen Erfolges

Das Pils ist die Erfindung eines niederbayerischen Brauers. 1842 wurde Josef Groll aus Vilshofen an das Bürgerliche Brauhaus in Pilsen berufen, um dort ein erstes untergäriges Bier "auf bayerische Art" zu kreieren. Bis dahin gab es in Böhmen nur obergäriges Bier. Weil die Obrigkeit in Böhmen mit Geschmack, Qualität und Haltbarkeit der üblichen Biere nicht mehr zufrieden war, wurde sogar eine neue Brauerei mit den technischen Voraussetzungen für untergäriges Bier errichtet. Die bayerischen Bierbrauer hatten schon damals einen guten Ruf, also lag es nahe, einen von ihnen anzuheuern. Josef Groll kreierte aber nicht nur ein für Pilsen neues untergäriges Bier, er verwendete auch erstmals ein sehr helles Malz und viel feinen Hopfen. Bis heute entscheidet der Hopfen (Sorte(n), Gaben und Qualitäten) über ein gutes Pils.

11.11.1842: Premiere für das Pilsener Die Bezeichnung „Pilsener Bier" war anfangs eine Herkunftsbezeichnung, nachdem es aber auch an anderen Orten hergestellt wurde, wurde das „blonde" Pils offiziell im Jahr 1899 zum Gattungsbegriff. In Deutschland sind Pilsbiere (oder solche, die so genannt werden) die (auch mengenmäßig) wichtigste Sorte. Während in Österreich Pils nur etwa 3,4 % ausmacht, ist bei unseren Nachbarn etwa der halbe Bierausstoß den Pilsbieren zuzurechnen.

Spezialbier

❧ ist mindestens 12,5 ° Stammwürze stark.

Spezialbier ist ein kräftiges, ausgewogen-würziges, fein gehopftes, meist hellgelbes Vollbier.

❧ Trinktemperatur: 8 - 9 °C.

Spezialbiere sind charakterstark, extraktreich mit einem kompakten Körper und viel Volumen. Im Geschmack sind sie von dichten Getreidearomen geprägt. Auch fruchtige, röstige und nussige Noten sind Teil ihres Geschmacksbildes. Sie sind angenehm vollmundig. Der Nachtrunk ist zumeist sehr lang und weist eine deutliche Bittere auf. Achtung: Bitte nicht verwechseln: Spezialbier ist eine Codex-Kategorie und Bier-Spezialität bezeichnet ganz allgemein ein „außergewöhnliches" Bier. Man kann also Biere von höchst verschiedenen Stilen als „Bierspezialität" bezeichnen. Dieser Begriff ist auch nicht gesetzlich geregelt – wie eben „Spezialbier" in Österreich.

Bockbier

Ist ein vorwiegend zur Saison, ursprünglich zu den Fastenzeiten des Kirchenjahres, gebrautes und sehr lange gereiftes Starkbier. Es ist bernsteinfarben bis dunkel, ausgeprägt vollmundig, würzig und fein gehopft. Für Biere **mit mehr als 18 ° Stammwürze** ist auch die Bezeichnung **„Doppelbock"** gebräuchlich, ebenso gibt es saisonale Bezeichnungen (Maibock, Osterbock, Weihnachtsbock).

❧ Stammwürze: mind. 16 °
❧ Trinktemperatur: 10 °C (bis 12 °C für Doppelbock)

Böcke sind generell sehr kräftig eingebraute Biere. Sie sind im Duft dicht, manchmal röstaromatisch, meist malzig und oft feinfruchtig. Gelegentlich vermeint man, Dörrfrüchte, reifes Steinobst oder vollreife Zitrusfrüchte aus einem mit Bockbier gefüllten Glas zu riechen. Die Bockbiere sind am Gaumen wuchtig und voll, im Geschmack charakterstark und individuell. Ihre vielschichtigen Geschmackskomponenten sollten ausgewogen und gut eingebunden sein. Das Bockbier wirkt oft am Gaumen wärmend.

Woher das Wort „Bock" als Bierstil-Bezeichnung kommt: Die Bezeichnung "Bock" hängt mit der (ehemaligen Hanse-) Stadt Einbeck in Niedersachsen zusammen. Dort wurde ab etwa 1240 Bier (Braurecht im Zusammenhang mit der Erhebung zur Stadt) und bald das besonders starke "Einbecker" oder "Ainpöckisch" gebraut. Die Wittelsbacher importierten dieses Bier seit der Mitte des sechzehnten Jahrhunderts. Weil den Bayern der Import von Einbecker Bieren auf die Dauer zu weit und aufwändig war, probierten sie etwa zwischen 1605 bis 1610 selbst, solche Starkbiere einzubrauen. Die Versuche wurden dem Vorbild aber nicht gerecht. So entschloss man sich, einen Einbecker Braumeister in bayrisch-herzogliche Dienste zu stellen. 1614 kam Elias Pichler an das Hofbräuhaus, dort stellte er sein „Ainpöckisch" her. Der bayerische Volksmund machte aus dieser Bierbezeichnung bald „a Bock" – bis heute wird dieses Wort verwendet, viele Wappentiere zieren die Bieretiketten (vom Steinbock über Reh- und Ziegenbock bis hin zum Sündenbock). Der Begriff „Starkbier" wird im Übrigen erst seit rund hundert Jahren vermehrt eingesetzt.

Ator und seine Brüder

Doppelböcke heißen, vor allem in Deutschland, heute gerne „…-ator". Man kennt den Celebrator und den Kulminator, sogar den Mastrobator. Diese Wortendung stammt von der frühen „Biermarke" **Salvator**. Die Paulanermönche im Münchner Kloster Neudegg ob der Au waren strengen Fastenregeln unterworfen. Viele Mönche stammten aus Italien und hatten ihr Gfrett mit dem rauen bayerischen Klima. Die Rettung war ein kräftigendes Bier, das sie ihrem Ordensgründer widmeten. Es wurde „des heiligen Franz Öl" oder auch „Sankt Vater Bier" genannt. Aus dieser Lautkette entstand der bis heute verwendete Begriff „Salvator". Ist es nicht wunderbar, dass die Gebäude der BeerCademy („zufällig") in einem Ort namens „Sankt Salvator" stehen?

Weitere Starkbier-Stile

Eisbock

20 Grad Stammwürze, 8 % Alkohol. Durch Einfrieren bei zirka Minus 23 Grad Celsius wird dem kräftig eingebrauten Starkbier Wasser entzogen. Es entsteht ein tiefdunkles, vollmundiges Starkbier. Die aufwändige Herstellung kann fantastische Biere (meist in sehr kleinen Mengen – einige (zig) Liter) erbringen.

Weizen- oder Weißbierbock

Obergärig, 16 – 18 Grad Stammwürze, ca. 7,5 % Alkohol

Barley Wine

Ein sehr kräftiger Ale-Stil. Ein Barley Wine sollte im Minimum 7 % Vol. Alkohol enthalten. Biere dieses Stils zeigen meist um die 10 % Vol. und mehr Alkohol. Das Wort kommt daher, dass der Alkoholgehalt von Barley Wines eher an die Stärke von Wein als an jene von Bier erinnert. Als man es einführte konnte man nicht ahnen, dass es einmal Strong Lagerbiere (das heute sehr erfolgreiche Samichlaus von der Brauerei Schloss Eggenberg hat 14 % Vol.) oder das Match zwischen dem Schorschbräu und Brew Dog um das stärkste Bier der Welt geben wird. Da ist man mittlerweile bei mehr als 50% Vol. angelangt – der hohe Alkoholgehalt wird durch mehrfaches Ausfrieren erzeugt, wir sehen dort also einen Multi-Eisbock.

Fastenbiere

Wie bereits erwähnt, stellen auch Klöster Starkbiere her – mit Sondergenehmigung durch den Papst. Weithin bekannt sind in Klöstern gebraute Fastenbiere. Damit bezeichnete man ursprünglich, da Flüssiges das Fasten nicht bricht, ziemlich starke Biere und nicht, wie man annehmen könnte, extra-leichte, kalorienarme Biere. Die österreichische Stifts-Brauerei Schlägl hat sich jedoch dieser modernen Denkweise angenommen und erzeugt ein an Brennstoffwert und Alkohol armes, durch den Einsatz von Kräutern (Galgant[138]) besonders geschmacksreiches „Fastenbier".

---

138 Gewürzpflanze aus der Familie der Ingwergewächse. Schmeckt süßlich-würzig, leicht bitter, nicht so scharf wie Ingwer, und etwas nach Zimt. Wirkt belebend und energetisierend.

Weizenbier

Zu den gängigsten obergärigen Bierstilen in Österreich zählen jene aus der Familie der Weizen- oder Weißbiere. Zum Unterschied zur Einteilung nach dem BeerStar haben wir in Österreich hauptsächlich die folgenden Weiß-bier-Stile:

1) Alkoholfreies Weißbier (seit zirka 2010 in Österreich gebraut, vor allem in Bayern sehr starke Zuwächse durch erfolgreiche Vermarktung als Sportgetränk)
2) Leichtes Weißbier

Vollbiere:

1) Hefeweizen (oft hell oder bernsteinfarben, sehr selten dunkel)
2) Kristallweizen (in den neunzehnsiebziger Jahren eines der ersten heimischen Weißbiere, heute ist dieser Stil sehr selten geworden)
3) Weizenstarkbiere
4) Weizenbock (meist bernsteinfarben oder hell)

Weizenbock

Weizenböcke – hell oder dunkel – betören mit fruchtig-frischen Aromen. Der Geschmack ist samtig und süß, voller Frucht- und Gewürznoten. Die dunkle Variante glänzt mit Röst- und Schokoladennoten und vollreifer Banane. Das feine, moussierende Prickeln erfreut den Gaumen. Es kommt von der traditionellen, ruhenden Flaschengärung. Die noch recht junge „erste oberösterreichische Bio-Brauerei" Neufeldner Bier hat auch im Winter 12/13 die heimische Genusswelt mit einem großartigen Weizenbock begeistert. Weizen-Doppelböcke und Weizen-Eisböcke hingegen sind all-gemein selten und werden in Österreich kaum eingebraut.

Rauchbier

Rauchbiere werden heute vor allem in Bamberg (Franken) hergestellt und gepflegt. In Österreich findet man sie kaum. Das Wiener Siebensternbräu führt seit Jahren ein sehr gutes Rauchbier, gelegentlich findet man auch beim Fischerbräu in Wien (erste Wiener Gasthausbrauerei) ein Rauchbier. Die Braucommune in Freistadt hat ebenfalls ein ausgezeichnetes Rauchbier hergestellt, diese Sorte aber leider aus Nachfragemangel wieder aufgeben müssen.

Dabei ist der Anteil der Rauchmalze an der Schüttung heutiger Rauchbiere meist recht gering (vielleicht zehn Prozent). Genießt man ein aktuelles Rauchbier, kann man sich also vorstellen, wie früher einmal alle Biere geschmeckt haben müssen, denn erst seit wenigen Jahrzehnten wird Malz elektrisch gedarrt. Vor nicht allzu langer Zeit haben alle Malzschüttungen aus 100 % Rauchmalz bestanden.

Roggenbiere

Bier wurde bis zum 15. Jahrhundert aus Roggenmalz gebraut. Diese Herstellungsart verschwand dann für lange Zeit. Gerste spielte daraufhin die Hauptrolle. Erst Ende der neunzehnachtziger Jahre hat man die alte Brauweise wiederbelebt, bei der mind. 50 % Roggenmalze verwendet werden. Die Schremser Brauerei und das Stift Schlägl stellen jeweils ein Bio-Roggenbier her, die beiden Sorten unterscheiden sich aber deutlich voneinander. Die wenigsten Kleinbrauereien machen ein Roggenbier – bekannt ist das „Slow 2" von Gerhard Forstner, auch Stiegl hat vor ein paar Jahren ein Roggen-Hausbier (damals noch „Monatsbier") vorgestellt. Wenig überraschender Weise schmecken Roggenbiere gern „brotig". Roggenbiere sind selten, auch weil das Roggenmalz im Brauprozess schwierig zu verarbeiten ist.

Bier mit Honig

Ebenfalls eher ein Sammelbegriff, als ein Stil, der sich leicht in Messwerten fassen ließe. Bei Honigbieren wird der heute extrem teure und wertvolle Honig als Teil der Gärungsbasis eingesetzt. Es gibt stark unterschiedliche Honigbiere. Solche, die ein ganz zartes Honigaroma zeigen bis hin zu sehr kräftigen, intensiv süßen Honigböcken. Die eher dezenteren Honigbiere eignen sich besonders gut als Begleiter von feinen (gegrillten) Fischgerichten. Honigbiere werden meist mit hellem Gerstenmalz hergestellt.

Fruchtbiere

Sind obergärige Vollbiere, denen während der Haupt- oder Nachgärung Früchte oder Fruchtextrakte zugesetzt werden. Fruchtbiere werden besonders in Belgien, mittlerweile aber gerne auch in Italien eingebraut. In Österreich kommen sie auch langsam in Schwung. Günther Seeleitner, der Doyen der heimischen Braumeister-Szene hat in der Biermanufaktur Kaltenhausen 2012 jeweils ein sommerliches und ein winterliches Fruchtbier eingebraut: Ein vollmundig, wärmendes Maronibier und ein erfrischendes Kirschbier.

Viele der sogenannten „internationalen" Bierstile werden also heute auch in Österreich gebraut. Einige davon nur in kleiner Menge, als „Monatsbier"oder als „Brauversuch". In den jüngeren Jahren hat die Biervielfalt stark zugenommen. Manche Microbrews führen ein riesiges Sortiment – trotz niedriger Ausstoßzahlen. Große und mittelständische Brauereien stellen „Nischenbiere" in kleinen Mengen auf einer „zweiten" Anlage wirtschaftlich her. Die folgenden Stil- oder Kategoriebeschreibungen verweisen daher wohl auf die Länder, in denen sie eher zum Standardrepertoire gehören, solche Biere werden jedoch auch, nicht selten in hervorragender Güte, in Österreich gebraut. Dies auch deshalb, weil zahlreiche Braumeister in Österreich wirken, die aus anderen Ländern zu uns gekommen sind und uns mit Freude Stile ihrer Heimat näher bringen. Wie einst die Herren Groll oder Pichler – genau so sind ja auch die fantastischen und erfolgreichen Bierstile Bock und Pils entstanden.

Faszinierende Vielfalt

Rund 630 bayerische Brauereien produzieren mehr als 40 Sorten und ca. 4.000 Marken-Spezialitäten. Wer durch Bayern reisen würde und jeden Tag im Wirtshaus ein anderes Bier probieren wollte, wäre elf Jahre lang unterwegs. In dieser Zeit kommen aber wieder so viele neue Biere auf den Markt. Bayerisches Bier ist also eine Lebensaufgabe. Jede der Bier-Regionen Bayerns hat ihren eigenen Stil, wenn auch Ausnahmen die berühmte Regel bestätigen. So treffen wir zum Beispiel im Norden eher herbe, schlanke und hopfige Biere an. Im Süden genießt man meist lieber süffig, vollmundig und mild. Einige für Bayern typische Bierstile, auch ausgefallene, haben wir hier für Sie zusammengestellt:

Zoiglbier

Dieses geschichtsträchtige Lagerbier hat seinen Ursprung in der Oberpfalz und wurde ursprünglich von Kommunbrauern hergestellt. Es ist ein dunkles, untergäriges Bier mit einem geringeren Kohlensäuregehalt. Das Zoigl-Schild weist Durstigen den Weg. Es zeigt an, wo frisch gebraut wurde.

Dampfbier

In Zwiesel, im Bayrischen Wald in Niederbayern, stellte einst ein unternehmungslustiger Braumeister Dampfbier her. Woher der Name kommt? Die Würze vergärt im offenen Bottich bei einer Temperatur von 18 bis 20 Grad. Auf dem Jungbier entwickelt sich schnell viel Kohlensäure, die große Gasblasen erzeugt. Diese Blasen zerplatzen und so entsteht der Eindruck, als ob das Bier dampfen würde. Noch heute existiert in Zwiesel eine Dampfbierbrauerei.

Fränkisches Bier

Franken ist ein besonderes Land, fast in jedem Dorf steht eine Brauerei. Fränkische Biere zählen zu den besten der Welt. Die Brauereien Frankens stellen eine außergewöhnliche Vielfalt an Biernuancen her. Bamberg, eine Stadt mit 70.000 Einwohnern, ist etwas ganz besonderes. Hier gibt es zehn aktive Braustätten.

Rauchbier

Ein Teil der Schüttung besteht aus Rauchmalz, das fertige Bier hat einen deutlichen Rauchgeschmack. Rauchbiere können ziemlich dunkel sein oder rötlich funkeln. Rauchbier ist kein Bräu für jedermann, aber seine Fans lieben es.

Braunbier

Kommt aus Bayreuth, es ist bernsteinfarben und gut gehopft. Aufgrund seiner Farbe wurde es früher auch als „rotes Bier" bezeichnet. Mit dem Siegeszug des Weißbiers wurde das Braunbier fast verdrängt. Heute erfreut sich die alte Biersorte wieder steigender Beliebtheit.

Steinbier

Bei diesem Bier ist gerade die Produktion faszinierend. Die komplizierte Prozedur hat aber auch dazu geführt, dass diese Biersorte selten geworden ist. Steine werden auf 1.200 Grad erhitzt und in die Sudpfanne gelegt, dabei schäumt und dampft der Sud. Ein Teil des gelösten Malzzuckers in der Würze karamellisiert beim Kontakt mit den glühenden Steinen, die sich beim Abkühlen langsam mit einer Karamellschicht überziehen. Deshalb bleiben die Steine auch während der Reifung im werdenden Bier, beides wird in großen Fässern gelagert. Einiges Karamell geht so ins Bier, das Steinbier bekommt auf diese Weise eine zarte und raffinierte Malzsüße.

Bierstile, die vor allem in Deutschland gebraut werden

Altbier

„Alt" referiert auf die große Tradition dieser obergärigen Biere. Sie werden nach alter Art gebraut –aber natürlich am besten jung und frisch genossen. Altbier ist zumeist kupfer- oder bernsteinfarben, manchmal sogar von dunklem Braun. Die Vollbiere zeichnen sich durch wahrnehmbaren Malzgeschmack und leichte Bitterkeit aus, die meisten haben ein eher geringes Hopfenaroma. (In der jüngsten Zeit gibt es auch deutlicher und sogar ziemlich fruchtig gehopfte Altbiere). Das ursprüngliche, traditionelle Brauverfahren mit obergäriger Hefe ermöglicht es, Bier auch bei höheren Außentemperaturen (15 – 20 °C) gären und reifen zu lassen. Die Hauptstadt des „Alt" ist Düsseldorf.

- Der Stammwürzegehalt liegt meist bei rund 11,5 °
- Der Alkoholgehalt bei ca. 4,8 %

Kölsch

Hellgelbe, leicht hopfenbetonte, regionale Spezialität mit rechtlich festgeschriebenem Herkunftsschutz. Kölner „Nationalgetränk". Obergäriges Vollbier mit Weizenmalz. Im Geschmack sehr sauber, trocken, fruchtig und leicht säuerlich. Mit sanfter Bitterkeit und vor allem als Fassbier beliebt. Große Bierkultur zu der auch der „Köbes", der weithin berühmte Kölner Kellner, gehört. Ein „Kölsch" aus Österreich wird man nicht finden, das Wort Kölsch gehört zu den geschützten Herkunftsbezeichnungen. Günther Thömmes, der Bierzauberer, hat aus dieser Not eine Tugend, oder besser eine Stilbezeichnung gemacht. Weil seine Brauerei in Brunn am Gebirge steht, bietet er ein „Brunnsch" an – ein Bier, das Kölsch-Bieren durchaus ähnlich ist.

- Stammwürzegehalt durchschnittlich 11,3 °
- Alkoholgehalt ca. 4,8 % Vol.

Dunkle deutsche Lagerbiere

Münchener Dunkel

Kupferton bis dunkelbraun. Verwendung von mindestens 50 % dunklen Malzen Münchener Typs. Nussartige, röstige, urige und malzige Note, leicht gehopft, vollmundiger Geschmack.

- Stammwürzgehalt über 11 °
- Alkoholgehalt ca. 4,8 % Vol.

Schwarzbier

Sehr dunkles, fast schwarzes Lagerbier mit häufig spürbarer bis kräftiger Bittere. Sehr beliebt in den Bundesländern Sachsen und Thüringen. In Österreich sehr selten. Schwarzbier unterscheidet sich deutlich vom Bierstil „Dunkles Bier".

- Stammwürze über 11 °
- Alkoholgehalt 4,8 - 5 % Vol.

Helle Lagerbiere

Münchener Helles (Bayerisch Hell)

Hellgelbes, blankes Lagerbier. Goldfarben, spritzig, strahlend hell. Durstlöscher, mit perfekt ausbalanciertem malzbetonten Körper. Die Hopfenbittere zart, spürbar, nicht drängend, nicht steigernd. Der Duft der grünen Dolden schwingt leise mit.

- Stammwürzegehalt zwischen 11 und 12,5°
- Alkoholgehalt zwischen 4,6 und 5,1 % Vol.

Export (Deutscher Brauart)

Hellgelbes bis goldenes Vollbier mit mittlerer malziger Süße, gering gehopft.

Der Name „Export" kommt daher, dass diese Lagerbiere traditionell für den weiten Transport stärker eingebraut wurden. Dortmund war einst die wichtigste Exportbierstadt.

- 🐝 Stammwürzegehalt: ca. 12 - 14°
- 🐝 Alkohol: 5,0 – 6,0 % Vol.

Festbier

Feierlichkeiten haben ihren Platz im Jahreslauf: Volksfeste, Kirchweih, Brau-silvester, Advent, … Besondere Biere gehören dazu. Festbiere sind meist etwas stärker, süffiger, goldiger oder glänzender. Ein üppiger Schaum krönt festliche Biere. Sie schmecken elegant, vollmundig, edel, erfrischend süffig, mit einem leicht süßlichen Ausklang. Festbiere werden vor allem in Bayern gern gebraut und genossen.

- 🐝 Stammwürze: 13 – 15 °
- 🐝 Alkohol: 5,0 - 6,2 % Vol.

Angloamerikanische Bierstile

Die beiden wichtigsten Stilgruppen heißen mit ihren Familiennamen „Porter" beziehungsweise „Ale". Letzteres ist – wieder einmal – ein Sam-melbegriff. Hier einer für obergärige Biere, die mit einer bestimmten Gruppe von Hefen eingebraut werden – eben den „Alehefen". Diese Hefen sind weit weniger „laut" als etwa die Weißbierhefen, deren Gärnebenprodukte fruchtige Ester in das Bier bringen, die dann beispielsweise kräftig nach reifer Banane oder nach Gewürznelken duften. Alehefen erzeugen im All-gemeinen nicht solch deutliche Töne, man bringt durch ihren Einsatz aber typisch obergärige Biere hervor – also spritzige, fein moussierende Bier-typen.

Pale Ale, Golden Ale

Die Basis der Ale-Familie bilden Vollbiere, wie Pale Ale, Red Ale oder Golden Ale – nach ihren Farbabstufungen bezeichnet, was zugleich auf die Malzmischung verweist und somit die Aromaklasse schon von der Optik her erahnen lässt.

IPA, Imperial IPA

Weitaus kräftiger, sowohl vom Alkohol als auch von der Hopfung her, fal-len die IPA's, die India (nicht Indian!) Pale Ales aus. India Pale Ale (IPA) ist ein helles Ale. Dieses Bier wurde im 19. Jahrhundert in England und

Schottland für die indischen Kronkolonien gebraut, dort war es unter den Kolonialtruppen sehr beliebt. Da es die lange Seefahrt überstehen musste, wurden an die Haltbarkeit besonders hohe Ansprüche gestellt. Der hohe Alkohol- und Hopfengehalt waren nötig, um die Umrundung von Afrika überstehen zu können. Den Suez-Kanal gab es zu damaliger Zeit nicht, sodass normales Bier auf den Segelschiffen mangels Kühlräumen verdorben wäre. IPA wurde mit etwa 16 Grad Stammwürze und einer großen Menge Hopfen eingebraut. In Indien sollte es dann 1:1 mit Wasser verdünnt werden. Das hat aber wohl nie jemand gemacht. Heutzutage werden India Pale Ales primär von einigen Kleinbrauereien in England, Schottland und den USA gebraut und – natürlich – unverdünnt getrunken. Dieser Bierstil wird inzwischen auch gerne in Österreich und Deutschland gebraut. In den USA gilt das IPA für die dort boomende Craft-Beer-Szene als Referenzbier einer Brauerei.

Die Bittere soll bei einem IPA stark hervortreten und bereits beim Aromatest deutlich wahrnehmbar sein. Um das Hopfenaroma weiter zu erhöhen, werden diese Biere oftmals hopfengestopft („Kalthopfung"). Dies bedeutet, dass während der Bierreifung eine weitere Hopfengabe getätigt wird, wobei sich insbesondere die ansonsten leicht flüchtigen Hopfenöle im Bier anreichern.

Seit 2011 führt der European Beer Star auch eine Kategorie „Imperial IPA", eine noch kräftigere und hopfigere Variante und somit eine neue Spitze der Ale-Familie. Farbe: tiefes Gold bis Bernstein; Intensive Hopfenbittere, ausgeprägt in Hopfengeschmack und Aroma. Der hohe Alkoholgehalt ist sensorisch deutlich ausgeprägt. Trotz des intensiven Hopfencharakters befindet sich das Imperial IPA in Balance mit fruchtigen Aromen (die von höheren Alkoholen und Estern herrühren) und einem mittleren bis ausgeprägten Malzcharakter. Ausgeprägter, kräftiger Körper. Neben der Bezeichnung Imperial IPA finden wir, vor allem in den USA, häufig auch die Bezeichnung „Double IPA".

🌿 Stammwürze: über 17,0 °Plato
🌿 Alkohol: über 7,5 % Vol.
🌿 Bittere: über 60 EBC

Die Biere der Familie Porter

Dunkle, malzbetonte und teilweise sehr bittere Biere. Häufig mit röstmalz-betontem Geschmack. Der Begriff Porter soll von Londoner Hafenarbeitern her kommen, die sich Kraft von den gehaltvollen Bieren geholt haben sollen. Heute werden verschiedene Biere mit „Porter" bezeichnet – selbst die Gärart muss nicht unbedingt obergärig sein. Man kennt auch „Baltic-Porter" und deutsche Porter, die meist ziemlich kräftig sind. Auch in Polen ist Porter ziemlich beliebt.

Typisch für englische Porter sind oder waren Gärnebenprodukte der Bretta-nomyces, von manchen Genießern liebevoll „Brett" genannt. Diese erzeu-gen eher animalische Assoziationen, deshalb wird der Geschmack in Eng-land auch „HorseBlanket Flavour" genannt. Anfang des 20. Jahrhunderts kamen Porter Biere aus der Mode – mittlerweile werden sie insbesondere von amerikanischen, aber auch von heimischen Microbreweries gerne wie-der eingebraut.

Stout

Stout ist ein Bierstil, der ursprünglich „Stout-Porter" hieß. Die Sprachge-meinschaft hat ihn, mit ihrem typischen Hang zur Verknappung, auf „Stout" zusammengekürzt – ähnlich wie Auto aus Automobil. „Stout" steht für „stämmig". Ein Stout ist also ein stämmiges, untersetztes, kraftvolles Porter. Eine ursprünglich irische Brauereimarke ist fast synonym mit Stout. In Irland und England werden Stouts praktisch ohne Schaum gezapft.

Imperial Stout

Die imperiale Bezeichnung rührt daher, dass dieser Bierstil im 18. Jahrhun-dert in England als Geschenk des englischen Königshauses für die russische Zarin Katharina die Große gebraut wurde. Als Hofbier des Zarenhauses erlangte das Imperial Stout in Russland, dem Baltikum und England große Beliebtheit. Mit der Zeit verlor Imperial Stout jedoch an Bedeutung. Mitt-lerweile haben viele zahlreiche kleinere Brauereien in England und vor allem der USA diesen hoch aromatischen Bierstil wiederentdeckt und brau-en ihn wieder ein. Seit 2012 wird Imperial Stout auch in Deutschland gebraut. Imperial Stout aus Österreich sind seltene, aber meist exzellente, wert- und gehaltvolle Biere, die idealer Weise im großen Schwenker serviert werden (nur ein kleiner Spiegel eingegossen).

Für die Herstellung von Stouts wird ein großer Anteil an Röstmalzen verwendet. Diese geben dem Stout und Imperial Stout eine tiefschwarze Farbe. Diese Malze sind auch für die starken Kaffee- und Schokoladennoten verantwortlich, welche diese Bierstile prägen. Imperial Stouts weisen in der Regel einen Alkoholgehalt von 8 bis 10 Prozent Alkohol auf. Jedoch gibt es auch Biere, die deutlich darüber liegen. Imperial Stouts werden auch mit obergärigen Alehefen vergoren. Durch den hohen Alkoholgehalt sind Reifungszeiten von bis zu drei Monaten üblich. Zudem werden diese Biere von vielen Brauereien hopfengestopft. Manche Brauereien führen die Nachreifung in gebrauchten Whisky-Fässern durch, welche den Geruch und den Geschmack noch komplexer machen.

Trappistenbier

Weltweit gesuchte Biere – jetzt auch aus Österreich.

Wenn um ein Produkt oder eine Produktfamilie ein richtiger „Hype" entsteht, steckt immer mehr dahinter als „nur" gute Qualität. Eine sehr hohe Produktgüte ist allerdings die Voraussetzung für einen dauerhaften Höhenflug. Mit Verknappung kann die Begehrlichkeit nach einem Produkt zusätzlich gesteigert werden. Etwas das schwer zu bekommen ist, gilt oft als besonders begehrenswert. Der Mensch ist, tief in seinem Inneren, immer noch Jäger und Sammler.

Von Trappisten und in Trappistenklöstern gebraut.

Ein Trappistenbier muss von Trappisten oder zumindest unter deren Aufsicht gebraut werden. Die Braustätte muss in einem Trappistenkloster stehen oder in dessen unmittelbarer Umgebung. Dass die Mönche noch selbst brauen (oder das Brauen beaufsichtigen), ist eine Besonderheit, die neben den Trappisten-Abteien nur noch wenige Klöster auszeichnet. Viele Orden „delegieren" das Brauen an internationale Konzerne. So wird etwa ein gut distribuiertes Abteibier von einem Bier-Multi hergestellt.

O.C.S.O – Order of Cistercians of the Strict Observance

Der Orden heißt „Zisterzienser der strengeren Observanz" und wird nur volkstümlich (nach dem Gründungskloster „La Trappe") „Trappisten" genannt. Um ein „Trappistenbier" erzeugen zu dürfen, muss das Kloster eine besondere Genehmigung der Ordensleitung haben.

Herkunftsbezeichnung; kein Bierstil

„Trappistenbier" oder auch „Bière Trappiste" ist eine Herkunftsbezeichnung und kein Bierstil. Die Klöster brauen unterschiedliche Produkte, deren Alkoholwert meist zwischen 6 und 12 Volumenprozent liegt. Zurzeit sind rund 30 Sorten am Markt, die größtenteils in Flaschen zu 0,33 Litern abgefüllt werden. Manche Klöster (etwa die bekannteste Trappistenbier-Marke) füllen auch in größere Flaschen ab, am häufigsten in 0,75 Liter-Gebinde.

171 Klöster weltweit – aber nur 9 brauen

Rund um den Erdball zählt der Orden heute 101 Männerklöster (mit rund 3000 Mönchen) und 70 Frauenklöster (mit etwa 1800 Nonnen). Längere Zeit waren es sieben Klöster, in denen Trappistenbiere hergestellt wurden – sechs davon stehen in Belgien, eines in den Niederlanden. Zurzeit ist aber von neun brauenden Trappistenklöstern die Rede. Ein achtes, in Frankreich angesiedeltes Kloster, hat das Trappisten-Braurecht ebenfalls erhalten. Allerdings werden dort vermarktete Biere zurzeit noch in einem belgischen Kloster hergestellt.

Trappistenbier aus Österreich

Das neunte befindet sich in Österreich. Das 1925 gegründete Kloster Engelszell (oder auch Engelhartszell genannt) liegt malerisch an der Donau, nur wenige Stromkilometer flussabwärts von Passau. Engelszeller Trappistenbier wird selbstverständlich vor Ort eingebraut und nicht importiert. Der Erlös wird auch dort karitativen Zwecken dienen. Spiritus Rector des heimischen Trappistenbiers ist Peter Krammer, der Bräu der Bierviertler Brauerei Hofstetten.

Ein Bier nach Trappisten-Art

2011 haben die Stiegl Braumeister Pöpperl und Trinker gemeinsam mit GENUSS.bier.pur ein Jahrgangsbier gebraut, das sie „Triple Blond" nannten. Dieses außergewöhnliche Starkbier wurde mit einer Trappistenhefe vergoren. Auch die Rezeptur erinnerte in vielen Einzelheiten an jene erfolgreicher Trappistenbiere. Natürlich entstand in der weltlichen Brauerei ein irdisches Bier, das jedoch himmlischen Genuss bereitete: Eine herrliche Fülle, ausgezeichnete Rezenz und wunderbare Fruchtnoten, etwa nach reifen Pfirsichen, machten es den VerkosterInnen unmöglich, auch nur einen Tropfen aus dem Kostglas wegzugießen.

„Triple" heißt das Bier, weil es dreifach vergoren wurde. Durch den aufwändigen Gärprozess und die ausgesuchten edlen Rohstoffe wurde es zu einem kraftvollen und zugleich feinaromatischen Bier der Extraklasse.

Missachtung in großem Stil

Brauereien müssen Geld verdienen, sie sind keine karitativen Organisationen. Auch wenn das so mancher Bier-Konsumenten-Verein gern hätte. Also begrüße ich fast jede Möglichkeit, die Brauereien ein gutes Einkommen ermöglicht. Sind sie finanziell gesund, dann können sie sich auch um die Bierkultur kümmern. Bierzeltfeste und Bierfestivals, die von mehreren tausend Menschen besucht werden, werden von so manchem Bier-Schöngeist nicht unbedingt in das Genre kultureller Höchstleistungen eingereiht werden. Aber wir leben auf einem relativ freien Kontinent, also steht die Entscheidung frei, solche Veranstaltungen zu frequentieren. Dass nicht nur besagte Schöngeister Bierzelte, die mit tausenden Tosenden prall gefüllt sind, meiden, ist allzu verständlich. Völlig unverständlich aber ist, warum das Bier auf manchen Festen immer wieder schlecht behandelt wird. Ohne Bier gäbe es weder Zelt- noch Wiesen- noch Oktoberfeste. Und eine Biermeile ohne Bier geht schon per definitionem nicht. Das Bier ist also „Liquor sine qua non".

Solange die Massen hinströmen, viel Geld im Bierzelt lassen, solange die Medien voyeuristische Bilder bekommen, solange der Rubel rollt, scheint einigen Veranstaltern gänzlich egal zu sein, wie es dem Bier geht. Noch einmal: Ich vergönne Brauereien jeden Hektoliter Absatz von ganzem Herzen. Ich finde, dass es Zeltfeste und Biermeilen unbedingt geben soll, sie gehören zur Biertradition und bringen Umsatz. Aber auch auf einer Wiesn und auf einem Festival kann man das Bier pflegen!

Oder verderben. Wie etwa auf der 2011 erstmals abgehaltenen Wiener Wiesn, einer unterdurchschnittlichen Oktoberfestkopie, die im Prater direkt neben dem Riesenrad abgehalten wird. Zu Recherchezwecken muss man auch manchmal Schreckliches über sich ergehen lassen. Also überwand ich meine vorurteilsbedingte Abscheu und setzte mich in die U2. Gut eine Million Besucher strömten bei Kaiserwetter auf die Wiese gleichen Namens. Fantastische Umsätze für alle Beteiligten, ein Riesenerfolg für die Veranstalter. Ohne Gerstensaft wäre das Konzept dieses Riesenevents nicht denkbar. Wieso wird das dann dem Bier mit brutaler Missachtung vergolten?

Vorzapfen – eine der schlimmsten Schank-Todsünden

Ich gehe in eines der Zelte, die Sonne brennt auf das Kunststoffdach, drinnen hat es gefühlte 50 Grad (es werden wohl rund 35 Grad Celsius gewesen sein). Zurzeit spielt gerade kein „Hm-ta-ta", es ist höchstens ein Viertel der Plätze besetzt. Hinter den Tresen langweilen sich die Schankkräfte. Die Kellner lehnen an ihren Stationen – niemand bestellt ein Bier. Mein Blick fällt auf die blechernen Schanktische: Zig vorgezapfte Maßkrüge stehen im heißen Zelt umher. Man kann die Flüssigkeit, die da vor sich hin gammelt, nicht mehr mit dem Kosewort Bier bezeichnen. Das lauwarme Medium verstirbt langsam und qualvoll, hat längst die letzte Rezenz ausgehaucht. Auf einmal sieht sich die Dame hinter der Schank zu einer Handlung veranlasst, denn ein Kellner schlurft langsam herbei, bestellt eine einsame Maß. Aber, oh Graus: Sie wird aus mehreren vorgezapften Krügen zusammengepanscht! Die Schankkraft stellt drei halbgefüllte Maßkrüge vor sich hin, den linken nimmt sie in die linke Hand, den rechten in die Rechte mit Grandezza schüttet sie von hier und dort das warme gelbe Nass in den mittleren Krug. .

Ich kenne die Brauerei, deren Biere da so niedergemetzelt wurden gut und ich weiß auch, dass dort sehr gut gearbeitet wird. Biere aus diesem Hause schmecken köstlich – wenn man sie pflegt. Bitte verzeihen Sie mir, dass ich es nicht geschafft habe, die rezenzbefreite, warme Brühe zu verkosten. Mir hat es schon beim Hinschauen den Magen umgedreht.

Gemeinsam mit Birgit Rieber hatte ich an einem heißen Sommersamstag mehr Opferbereitschaft bewiesen. Wir waren am Hauptplatz von Reutlingen, wo anstelle des Wochenmarktes ein Beach-Volleyball Turnier abgehalten wurde. Damals herrschte vielerorts die seltsame Sitte, irgendwo tonnenweise Sand aufzuschütten, um für ein paar Stunden Strandflair zu verbreiten, wo mit Ausnahme eines kilometerweit entfernten Flüsschens (in diesem Fall die Echaz) weit und breit kein Wasser zu sehen ist. Am Ende des Spielfeldes war ein Ausschankwagen aufgestellt. Verziert im Corporate Design einer an sich ausgezeichneten Klosterbrauerei von der schwäbischen Alb. Wir saßen amüsiert auf der Mini-Tribüne und schauten den schwitzenden Athleten zu – es hatte deutlich mehr als dreißig Grad im Schatten. Mit einem Mal fiel unser Blick auf die Schankkräfte. Obwohl sich kein Mensch dem Bierwagen näherte, zapften sie fröhlich Bier in ein paar Willibecher. Wieder ein

Fall von Vorzapfen – und das völlig ohne Not! Wir können jemanden, der oder die Bier zapfen muss und auf ein plötzliches Hereinströmen einer Busladung voller Durstiger mit „multiplem Zapfen" reagiert, gerade noch verstehen, auch wenn wir es trotzdem nicht gutheißen können. Vorzapfen ist nie akzeptabel. Wenn das Bier aber ein oder zwei Minuten vor sich hin gammelt, ist es gerade noch trinkbar. Wenn aber niemand da ist, der oder die ein Bier will, was bitte soll dann das Vorzapfen bringen? Noch dazu an einem brütend heißen Tag!

Birgit Rieber und ich beobachteten die Szene eine Weile, gut eine Viertelstunde (!) lang. Als die dort vorgezapften Biere nach unserer Einschätzung schon deutlich mehr als zwanzig Grad warm sein mussten, packte mich der Todesmut; ich sagte zu ihr: „Gehen wir hin und bestellen ein Bier, schauen wir, was passiert." Es kam, wie wir befürchtet hatten. Die völlig fadisierte und vor allem von allen guten Geistern verlassene Hilfskraft nahm einen der warmen Willibecher, er war auf gut zwei Drittel vorgezapft, und ließ noch ein paar Milliliter aus dem Zapfhahn – den sie natürlich auch noch in das Bier eintauchte[139] – dazu rinnen und schob das Glas lustlos über den Tresen. Wir bezahlten das schaumlose Etwas und kosteten. Warm wie Badewasser, klebrig-süßlich, völlig ohne jede Rezenz, einfach grauenvoll. Dass wir das fast volle Glas dann zu ihr zurückschoben und uns höflich verabschiedeten, veranlasste sie keineswegs nachzufragen, warum wir dieses wunderbare Bier nicht trinken wollten.

Abgesehen davon, dass es niemanden verwundern darf, wenn keiner so ein Bier will. Was passiert normalerweise, wenn jemand unachtsamer Weise doch eines ordert und vielleicht sogar austrinkt?[140] Die Brauerei oder das Bier ist schuld! Schankkultur und Bierpflege gehören (noch) nicht zum Allgemeinwissen. Die meisten KonsumentInnen haben keine Ahnung, wie groß der Einfluss ist, den Schankhygiene und richtiges Zapfen auf die Bierqualität haben. Glauben Sie mir: Die letzten Meter sind entscheidend. Ihr Einfluss auf die Güte eines Fassbieres ist mindestens genauso groß, wie jener des Braumeisters. Sogar das allerbeste Bier, das feinste Craft-Bier kann man in wenigen Sekunden auf ebendiesen „letzten Metern" ruinieren und ungenießbar machen.

139 Siehe das Kapitel „Schanksünden" ab Seite ab Seite 129
140 Was ich mir kaum vorstellen kann. Selbst äußerst robuste Leute oder Menschen mit massiv eingeschränktem Geschmacksempfinden können nur Ekel empfinden, wenn sie so etwas in den Mund nehmen müssen.

Das war auch in einem Wiener Kaffeehaus der Fall, in dem ich ein Bier bestellte. Schon als der Kellner mit meiner Bestellung entschwebte war mir bewusst, dass das ein Fehler war. Wie groß er sein sollte wurde mir klar, als der gute Mann zurückkehrte und das frisch gefüllte Glas auf den Tisch stellte. Trotz Schaums und gut einem Meter Distanz drang ein so entsetzlicher Gestank in meine Nase, dass ich wieder einmal gar nicht kosten wollte. Ich rief den Kellner: „Keine Sorge, ich zahl' das Bier. Aber bitte nehmen Sie es wieder weg und bringen Sie mir ein Flaschenbier." Wenigstens fragte er mich, warum. Ich fragte zurück: „Wie oft werden bei Euch die Bierleitungen gereinigt"? „So wie es im Gesetz vorgesehen ist" sagte er. „Etwa alle drei Monate". Ich: „Und natürlich wird auch das Bier zur Sperrstunde nicht abgehängt?!" Er: „Wozu sollte man das machen?" Ich versuchte ihn höflich anzulächeln und sagte: „Danke für die Auskunft. Ich will Sie nicht länger aufhalten." Er brachte mir eine frische Flasche. Immerhin war das kontaminierte Seidel nicht auf der Rechnung. Wozu haben die dann ein Bier vom Fass? Flaschenbier löst so ein Problem auf der Stelle. Witziger Weise sagen mir immer wieder Außendienstleute von guten Brauereien, dass sie bei manchen Wirtsleuten auf völliges Unverständnis stoßen. Ihr Fassbier ist grauenhaft, weil ungepflegt. Kaum jemand bestellt bei ihnen Fassbier (Ein Wunder?), sodass ein 30-Liter KEG zehn Tage lang am Hahn hängt[141]. Und dennoch wehren sie sich mit Händen und Füßen gegen den Austausch – Flaschenbier anstelle von Fassbier. Was das für Vorteile hätte: Sauberes Bier, vielleicht sogar mehr Sorten ohne großen Aufwand. Bei dem erwähnten Ringstraßencafé wäre das ein Qualitätssprung sondergleichen.

Man könnte nun denken – okay, das ist ein Kaffeehaus und kein Bierlokal. Aber ich hatte ein genauso katastrophales Erlebnis mit einem Zwickel (noch dazu!) in einem so genannten Bierlokal am Wiener Gürtel. Loftiges Ambiente und bierige Deko reichen aus, hat sich da wohl jemand gedacht – Bierpflege brauchen wir nicht unbedingt. Das Zwickel[142] sah schon grauenvoll aus und stank bestialisch. Ich hatte dort einen Geschäftstermin, dem Geschäftsfreund hatte ich kurz erklärt, warum ich das Bier nicht anrühre[143]. Die Kellnerin, die nach gut eineinhalb Stunden bei mir abkassierte, hatte kein Interesse daran, zu erfahren, wieso ich das Zwickel nicht angerührt

---

141 Das sind durchschnittlich nur 9 Seidel Bier pro Tag.
142 Brauerei und Biersorte werden von mir sehr geschätzt.
143 Damals hatte ich noch Kunden „außerhalb des Bieres".

hatte. Wahrscheinlich wusste sie genau warum, so wenig überrascht war sie. Oder war sie so gleichgültig? Hätte auch gepasst, in dieses „ganz besondere Bierlokal". In einem weiteren „Bierlokal", das sogar das Wort Bier in seinem zweisilbigen Namen führt und das nur ein paar Schritte von einer großen Wiener Brauerei entfernt liegt, mussten wir bierige Katastrophen erleben. Eine ähnliche Situation, wie bei der mehrfach erwähnten Craft-Bier-Verkostung am Hopfenboden. Denn „Wir", das war eine Gruppe von Außendienstmitarbeitern und Managern des Bier-Großhändlers Kolarik und Leeb, für die ich ein zweitägiges Bierseminar halten durfte. Wir verbrachten die Mittagspausen im an sich recht schönen Biergarten und bestellten Fassbiere. Alle Zapfhähne des Bierlokales waren kontaminiert – wir hatten uns mit den olfaktorischen „Freuden" herumzuschlagen, die den gravierenden Hygienemängeln und Leitungsproblemen zu verdanken waren. Ich verstehe nicht, dass überhaupt jemand freiwillig in so einen Laden geht. Ich kann mir das wirklich nur damit erklären, dass die Leute diese eklatanten Fehlgeschmäcker gewohnt sind und teilweise nichts anderes kennen. Mich ärgert das zutiefst. Denn Schankhygiene und Bierpflege sind viel eher eine Frage des guten Willens und der Liebe zum Bier und weniger ein Kostenfaktor. Sicher muss man Personalkosten und Reinigungsmittel kalkulieren. Aber ich bin überzeugt, dass diese Beträge ganz leicht wieder hereinkommen. Denn wenn man Bier pflegt, konsumieren die Gäste gerne ein Glas mehr.

Ich schildere diese Begebenheiten ohne eine Spur von Übertreibung. Aber auch ohne Beschönigung. Es hilft nämlich überhaupt nicht, den Mantel des Schweigens über die Unkultur zu breiten, mit der vielerorts Bier gezapft wird. Im Gegenteil. Ich bin sicher, dass sich auch hier eine Aufwärts-Spirale zu drehen begänne, würden mehr Bierfreunde sensibel auf die Qualität des Fassbieres achten, welches sie in sich aufnehmen. Wenn die Wirtinnen und Wirte einmal spüren, dass Stammgäste rebellieren – oder sogar abwandern –, wenn die Zapfqualität zu wünschen übrig lässt, dann würden sich die meisten dazu entschließen, mehr auf Bierlagerung, Zapfkunst, Schankdesign und -hygiene zu achten. Denn es gibt zum Glück auch das Gegenteil, die guten Beispiele. Karl Schiffner[144] bietet seinen Gästen vier Fassbiere[145] an, die er jeden Abend mit der Sperrstunde abzapft. Dann

---

144 *Biergasthaus Schiffner, Linzer Str. 9, A-4160 Aigen-Schlägl, www.biergasthaus.at*
145 *neben rund zweihundert Flaschenbieren aus aller Welt.*

wird die Schankanlage gereinigt und die Zapfköpfe werden in reines Wasser gelegt. Karl sagt mir, dafür braucht er höchstens ein paar Minuten und das sei eine Art „Abendmeditation". So wie ich ihn kenne, würde er eher gar nicht aufsperren, als seinen Gästen ein Bier zu zapfen, das nicht aus einer hyperfrischen Leitung kommt. Der Wirt des Prechtlhofes[146] in Althofen erzählt mir, sein Erfolgsrezept bestünde aus einer sehr persönlichen und qualitätsvollen Betreuung seiner Gäste. Für ihn ist penible Schankhygiene einfach ein Teil dieser Liebe zum Beruf und zu den Menschen, die er betreut. Das Wiener Gasthaus Heidenkummer[147] liegt in einem toten Winkel. Ecke Bennogasse und Breitenfelder Gasse ist es still, rundherum nur Wohnhäuser. Keine Geschäfte, kaum Büros. Die Häftlinge der nahen Justizanstalt dürfen zu ihrem Leidwesen (weniger zu jenem der Heidenkummer-Stammgäste) auch nicht auf ein Bier gehen. Dennoch ist das Gasthaus jeden Tag voll. Zum Mittag und am Abend. Beim Heidenkummer wird gut gekocht, keine Frage. Aber die gute Bierkultur trägt ihren Teil zum großen Erfolg des Hauses bei. Ein Bekannter und ich hatten im Sommer 2012 innerhalb von zwei Tagen das Schwechater Zwickl als Fassbier in drei Wiener Gasthäusern genossen. In einem hatte es einen ziemlichen auf mangelnde Schankhygiene zurückzuführenden Butterton, im zweiten war es halbwegs okay. Beim Heidenkummer aber strahlt das Bier so frisch und resch aus dem Glas, wie es Andreas Urban eingebraut hat. Ein herrlich gezapftes Bier kann man natürlich auch bei Uli Bacher bekommen, in seiner Gartenrast[148] zu Radenthein. Dort herrscht überhaupt eine Bierkultur, wie man sie in Österreich ganz, ganz selten findet.

Es kann aber nicht sein, dass sich nur ein paar bierverrückte Wirte um einwandfreie Zapfkultur bemühen. Ich lade Sie nicht ein, geschätzte BierfreundInnen – ich fordere Sie auf: Tragen Sie dazu bei, dass wir langsam aber sicher eine wesentlich bessere Schank- und Zapfkultur bekommen. Unsere ausgezeichneten Biere hätten das verdient – und wir selbst ohnehin! Weisen Sie freundlich und höflich aber bestimmt, schlecht gezapfte oder geschmacklich beeinträchtigte Biere zurück. Weisen Sie Schankkräfte auf Zapffehler hin – liebenswürdig, bitte! Zeigen Sie, dass Sie etwas vom Bier verstehen. Fragen Sie immer nach der Bierkarte – ziehen Sie erstaunt die

146 Hotel Gasthof Prechtlhof, Schobitzstr. 1, 9330 Althofen, www.prechtlhof.com
147 Gasthaus Heidenkummer, Breitenfelder Gasse 18, 1080 Wien
148 Gasthof Gartenrast, Gartenraststr. 9, 9545 Radentheim, www.gartenrast.at

Augenbrauen hoch, wenn Sie zur Antwort bekommen: „Die Biere stehen hinten in der Speisekarte, gleich nach dem Kaffee". Ich bin sicher, Sie werden noch recht lange ein gutes Augebrauenhochziehmuskeltraining haben. Sagen Sie nicht: „Ein Bier, bitte", sondern fragen Sie den Kellner oder die Kellnerin: „Welche Biere haben Sie?" Kommt zur Antwort: „Ein normales", so sagen Sie bitte: „Was ist schon normal? Ich will kein normales, sondern ein gutes Bier". Sie werden gewiss Ihre eigenen Worte finden. Aber lassen Sie bitte nicht locker und setzen Sie viele kleine Nadelstiche pro Bierkultur. Wenn ein guter Teil jener rund zwei Millionen Biergenießer, die es angeblich in Österreich gibt und jener wohl 20 Millionen Deutscher, die gerne Bier trinken, mitmacht bei der Kampagne für gutes Bier, gewinnen alle. Die Wirte, weil ihre Gäste mehr konsumieren oder einfach lieber hinkommen, die Gäste am meisten, weil sie vielerorts endlich gut gepflegtes Bier bekommen und natürlich die Brauereien, weil ihr Produkt so ausgeliefert wird, wie sie es eingebraut haben.

Im Jahr 2012 durfte ich für die Hirter Brauerei gemeinsam mit den dort Verantwortlichen für Brau- und Schanktechnik eine Broschüre gestalten, die dabei helfen soll, die Schank- und Zapfkultur zu verbessern. Bitte schauen sie sich diesen Kasten an, auch wenn er ein gerütteltes Maß an Fachchinesisch enthält. Mit diesem Wissen gewappnet, kann jede Bierliebhaberin und jeder Bierliebhaber den Wirten und Ihren Schankkräften auf die Finger schauen.

Liebe Gastronomin, lieber Gastronom!

Reden wir über Bierpflege.

Sie stehen in direktem Kontakt mit Ihren Gästen, wissen, dass deren Ansprüche zunehmen. Ihre Produkte und Dienstleistungen sind davon genauso betroffen, wie die unseren.

Prickelnde Frische und kühler Genuss ...

... das wird von jedem Hirter Bier erwartet. Das Team der Privatbrauerei Hirter tut alles, um diese Erwartungen zu erfüllen. Wir setzen hochwertige Rohstoffe und moderne Brautechnik ein und verwenden reinstes Bergquellwasser. Ideale Lagerung und sicherer Transport unserer Produkte, bis in ihren Bierkeller, sind uns so wichtig wie die sorgfältige Bierherstellung.

Ihr Part ist von größter Bedeutung!

Mindestens ebenso wichtig ist die Bierpflege in Ihrem Haus. Nur ein perfekt gepflegtes Bier bietet echten Genuss. Jenen Geschmack, der Ihre Gäste dazu bringt, wiederzukommen.

Tipps und Tricks ...

... zur Bierpflege haben wir in dieser Broschüre für Sie zusammengestellt. Bleiben für Sie noch Fragen offen? Gerne stehen wir Ihnen mit Rat und Tat zur Seite. Wenden Sie sich einfach an Ihren Hirter Verkaufsleiter.

Auf Wiedersehen bei einem gepflegten Hirter Bier.

Hirter Bier ist ein Naturprodukt!

- Und daher nicht uneingeschränkt haltbar. Bei Beachtung der Lagerbedingungen hält Hirter Fassbier 4 Monate lang.

Trinktemperatur

- Bier wird häufig zu kalt gezapft. Zu kaltes Bier entfaltet weniger Geschmack. Die Schaumbildung ist schwächer, der Schaum nicht so attraktiv.
- Die ideale Trink-Temperatur hängt von der Biersorte und von der Witterung ab. Meist liegt sie zwischen 6 °C und 12 °C.
- Bitte bedenken Sie immer den Weg zum Gast. Wir sprechen von der TRINK-Temperatur, nicht von der Zapftemperatur!

Kühlung

- Bier muss kühl und ruhig lagern. Extreme Kälte schadet ebenso wie Hitze. In beiden Fällen wird das Bier trüb. (Kältetrübung beziehungsweise Eiweißtrübung bei Hitze).
- Lagern Sie Bier bei konstant 6 °C bis 8 °C.
- Fassbier sollte vor dem Anzapfen mindestens zwei Tage ruhen.

Rasch aufbrauchen!

- Ein angezapftes Fass muss rasch aufgebraucht werden.
- Ein Tag ist perfekt …
- … bis zu drei Tage – kein Problem.
- Bier aus einem angezapften Fass sollte jedoch längstens binnen einer Woche ausgeschenkt werden.

Andere Gebinde?

- Wenn der Bierabsatz nicht so groß ist, steigt man am besten auf kleinere Keg-Grössen um.
- Bieten Sie Spezialitäten, die in geringerer Menge verkauft werden, als Flaschenbier an.

Weitere Tipps

- Lagern Sie Bier nicht gemeinsam mit anderen Lebensmitteln.
- Verbrauchen Sie die Fässer einer Sorte nach der Reihenfolge ihrer Anlieferung (first in first out-Prinzip).
- Das angezapfte Fass sollte immer unter Druck stehen.

Glaspflege

- Biergläser nur mit den entsprechenden Spezial-Spülmitteln waschen.
- Ausschließlich Gläserspülmaschinen verwenden.
- Nicht polieren! Die Innenseite der gespülten Gläser auch keinesfalls abtrocknen.
- Biergläser nie gemeinsam mit Kaffee- oder Speisegeschirr waschen.
- Beschädigte Gläser aussortieren – auch solche, die nur leicht abgestoßen oder abgewetzt sind.

Wartung der Zapfanlage – Von Zeit zu Zeit

- Bierschläuche austauschen.
- Technischer Kundendienst.

Täglich prüfen:

- Die Temperatur des Kühlraums und der Begleitkühlung.
- Den Wasserstand der Begleitkühlung.
- Den CO_2 Druck und den Inhalt der CO_2 Flasche (siehe Schankanlagenbuch).

Reinigung der Schankanlage

- Es ergibt ein perfektes Bier, wenn jeden Abend abgezapft wird.
- Die Schläuche sollten dann mit reinem Wasser aufgefüllt werden.
- Nach dem Anzapfen (am nächsten Tag) muss auch der erste Schuss Bier weggeleert werden.
- Bitte beachten Sie die Gesetze und Verordnungen zu Hygiene und Sicherheit beim Bier-Ausschank (siehe Schankanlagenbuch). Der Betreiber/Gastronom ist für deren Einhaltung verantwortlich.

Reinigung

Tägliche Reinigung mit Warmwasser:

- Zapfhahn außen
- Zapfhahnauslauf auch innen (mit durchsichtiger Handpumpe)
- Tropftasse

Bei jedem Fasswechsel:

- Zapfkopf und Fitting mit Warmwasser reinigen.
- Achtung: Den Zapfkopf niemals auf den Boden legen!

Periodische Reinigung – Mindestens (!) alle 3 Monate:

- Die gesamte Anlage (Leitung, Armatur, Steckkupplung, Zapfhähne) muss **mindestens** alle drei Monate durch eine geschulte Person (Technischen Kundendienst) chemisch gereinigt und überprüft (Dichtheit, Förderdruck) werden.

Zapfen

- Zu hastiges Einschenken verdirbt den Biergenuss.
- Zögerliches Zapfen ebenso. Also: Ruhig, aber beherzt zapfen!
- Das Zapfen sollte ungefähr zwei Minuten dauern.

So wird Bier richtig Bier eingeschenkt:

- Das **saubere** Glas mit kaltem Wasser am Spülkranz spülen. (Dadurch wird die Glaswand gekühlt, es entweicht weniger Kohlensäure und das Bier hält länger die optimale Trinktemperatur).
- Das Bierglas beim Einschenken **leicht schräg** halten.
- Beim Zapfen den Hahn **ganz** öffnen.
- Zuerst das Glas etwa **ein Drittel** voll schenken.
- Dann **einmal** für rund eine Minute absetzen (bis der Schaum eine kompakte Konsistenz angenommen hat).
- Vollschenken. Kurz Warten, bis der zweite Schaumring **kompakt** ist.
- Zum Krönung den dritten Schaumring aufsetzen, der zur **schönen Haube** führt.

AUF KEINEN FALL DARF/DÜRFEN

- **Der Zapfhahn bis ins Bier reichen!** (Abstand zwischen Zapfhahn und Bierspiegel halten! Ein paar Zentimeter genügen.)

- **Bierlöffel oder Bierspachteln verwendet werden!** (Das ist sogar gesetzlich verboten).

- **Wischtücher oder Schwämme verwendet werden!** (Nur das zur Anlage gehörende Equipment verwenden!)

- **Gebrauchte Biergläser am Spülkranz gespült werden!** (Aus hygienischen Gründen! Virenzucht!)

- **Der Nachtwächter angeboten werden!** (Nachtwächter = Bier das über Nacht in der Leitung stand)

- **Vorgezapft werden!** (Vorzapfen bringt schales und warmes Bier!)

- **Bier aus verschiedenen Gläsern zusammengeschüttet werden!** (Zusammenschütten macht Bier schal und warm).

Die Berliner Biermeile – ein Bärendienst am Bier

Vorzapfen. Auch auf der Anfang August 2011 abgehaltenen Biermeile eine häufig begangene Schank-Todsünde.

Leider nicht die einzige. Ein Beispiel: Wir gehörten zu den wenigen, die sich für eine eher ausgefallene Bierspezialität interessierten. Das wurde uns mit einer zusammengepanschten und warmen, rezenzbefreiten Plärre gedankt. Für die dann auch noch mehr verlangt wurde, als für Kostschlucke im Festivalglas gemeinhin vereinbart war. Am Berliner Bierfest verkommt das Angebot zur Einfalt.

Was will man den zahlreichen maskierten oder uniformierten grölenden Gruppen auch anderes anbieten als „Hell" und „Dunkel"? Viele Biermarken, deren Sortiment wir kennen und schätzen, weil es eben weit mehr als zwei unterschiedliche Biere umfasst, bieten dort nur ein helles und ein dunkles Bier an. Es geht auf der Meile eher um Rekordzahlen und um Sauferei mit Beschallung und Bestaubung. Die Biervielfaltspielt keine Rolle. Denn wir wissen: Markenvielfalt ist ungleich Biervielfalt! Kaum eine Kraft hinter einem der zahlreichen Tresen kannte sich bei dem Bier oder bei der Brauerei, die sie vertrat, aus. Das schon gegen Ende 2010 mehrfach schriftlich dem Veranstalter unterbreitete Angebot, bier.pur könnte zur Aufklärung beitragen und wenigstens insofern Abhilfe schaffen, dass für einige Biere Fact Sheets erarbeitet werden, (die dann vom bierunkundigem Schankpersonal den, wahrscheinlich wenigen, Nachfragern ausgehändigt werden) wurde trotz telefonischem Nachfassversuch und anderen Kopfständen nicht nur einmal ignoriert. Beim neuerlichen Besuch auf der Biermeile 2011 wussten wir dann warum. Den meisten Besuchern scheint es, vor allem wenn einmal ein gewisser Spiegel vorhanden ist, völlig egal zu sein, welches Bier konsumiert wird. Die Fülle macht Spaß, die Vielfalt ist wurscht. Wir hatten viele Proben eingekauft, fast alle waren zu warm, ausnahmslos wurde mit Schankfehlern gezapft. Einige Biere waren schrecklich, nur wenige schmackhaft. Als dann noch ein Taschendieb mir dreist vor meinen Augen in die Umhängetasche griff (zum Glück verstaue ich Wertsachen woanders), hat es uns endgültig gereicht. Dafür, dass solche Gauner Massenaufläufe und Herdengeschiebe ausnützen, kann der Veranstalter nichts. Aber es hat leider ins Bild gepasst. Wir flüchteten in die U-Bahn, in eine gute Berliner Kneipe, wo acht verschiedene gepflegte Biere bestens gezapft wurden. Es geht, wenn man will. Und wenn man Bier mag – und nicht nur Kapital daraus schlagen will.

Bewertungsexzess

Biere zu bewerten ist eine sehr verantwortungsvolle Aufgabe. Insbesondere, wenn man die Bewertungen veröffentlichen soll. Die Aufgabe ist nicht einfach, weil die Tagesform, sowohl der Biere als auch der VerkosterInnen, das Ergebnis beeinflusst. Man sollte unbedingt immer „blind" verkosten. Selbst wenn man sich mit Bieren beschäftigt, deren Hintergrund und Hersteller einem unbekannt sind – schon die Etikettengestaltung beeinflusst die Wahrnehmung. Ich habe einen österreichischen Kollegen, einen bekannten Wein-Journalisten, nie verstanden, wenn er meint, er könne für seinen Wein-Guide nur „offen" kosten, weil er die Intention des jeweiligen Weinherstellers in sein Erlebnis einbauen muss. Ich glaube vielmehr, dass eine ehrliche Blindverkostung das starre Gefüge bekannter Weinbaubetriebe ordentlich durcheinander brächte. Im Bier haben wir noch keine vergleichbare Situation. Natürlich hilft ein Beer-Star in Gold sehr bei der Vermarktung, aber die Bierfreunde gehen nicht mit Punktezahlen im Kopf auf Bier-Degustation und Einkaufstour. Vielleicht kommt das noch, wir werden sehen. Auf jeden Fall sollten Bierbewertungen und Beschreibungen immer von mehreren Menschen gemeinsam erstellt werden. Ich habe viele Verkostungen erlebt, die besten (natürlich auch die aufwändigsten) waren jene, wo mindestens fünf JurorInnen gemeinsam verkostet haben.

Besonders gefährlich wird es, wenn Bierlaien Sterne (oder Biergläser oder Hopfendolden, Krüge etc.) vergeben. Ich habe am eigenen Leib erlebt, wie wichtig Schulung für mich war. Obwohl ich vor meiner Karriere „im Bier" tausende Weine verkostet hatte und, wie ich meine, keine allzu schlechte Wein-Nase habe – sich dem Bier anzunähern, ist noch ein paar Stufen schwieriger.

Ich sitze mit Clemens Kainradl im Café Hummel, wir haben einige Projekte zu besprechen. Unter anderem frage ich ihn, was er von der Idee eines Meta-Portales für Bier-Online-Shops hält. Ich wälze seit einiger Zeit diese Idee. Jedes Mal, wenn ich einen Trivago[149]-Fernsehspot sehe überlege ich, ob ich so etwas initiieren soll. Wenn Clemens mit seiner bierfracht bei so etwas mitmachen würde… Er zeigt sich skeptisch und mir wird bald klar, warum. Wenn man die Preise für ein Hotelzimmer vergleicht und es beim billigsten Portal bucht, dann ist das ein und dasselbe Zimmer. Verschiedene Biershops behandeln Biere aber unterschiedlich. Beginnend beim Import, über die Lagerung, bis hin zur Art der Verpackung und Verlieferung. Es ist NIE dieselbe Flasche, auch wenn es sich um die gleiche Biersorte handeln mag. Die bierfracht lagert kühl und dunkel, denn Clemens ist ein Qualitätsfanatiker, nicht nur was die Bierauswahl, sondern auch die Behandlung seiner Babies betreffend. Dementsprechend möchte er natürlich nicht in den reinen Preisvergleich einsteigen. Tatsächlich kann ein gut gepflegtes Bier große Freude machen und ein schlecht gelagertes bereits „gebrochen" ankommen. Ein wichtiger Tipp daher zum guten Schluss: Achten Sie beim online-Kauf sehr genau darauf, bei wem Sie ordern. Für die bierfracht kann ich meine Hand ins Feuer legen. Ich bin selbst oft bei meinem Freund Clemens und suche mit ihm gemeinsam Biere für Verkostungen aus. Sein Lager ist immer kühl und dunkel. Clemens hat mir eine Flasche zum Kosten mitgebracht. Es handelt sich um ein dänisches Bier, das in Alaska gebraut wurde. Wie könnte man so ein Buch besser beschließen, als mit einem IPA? Noch dazu eines mit „Bret[150]"? und obendrein ein so exzellentes:

---

149 Ein Meta-Portal für Hotel-Online-Buchungsplattformen.
150 Brettanomyces, auch Brettanomycesbruxellensis, oft auch „Bret" oder „Brett" genannt ist eine 1904 entdeckte Hefe. Brett kommt auch im Wein vor, gilt als Weinfehler, darüber wird aber trefflich gestritten. („Pferdeschweiss" wird im Wein auch geliebt). Brett ist für die Lambics von entscheidender Bedeutung und gereicht dem hier verkosteten Bier zur Ehre.

Mikkeller – Invasion Farmhouse IPA; Bottled in Alaska with Brettanomyces.

Alkohol: 8% Vol.

Helles, dicht-trübes Gelb, feinstporiger, weißer und stabiler Schaum. Schon der Duft ist eine Offenbarung. Er reicht von Grapefruit bis Leder, ist aber immer fein, (nie grob oder ordinär, was manchmal bei Brett der Fall sein kann). Fantastische Rezenz, extrem feine Perlage. Am Gaumen ein Spiel aus fruchtigen und malzigen Noten, das Bier ist sehr geschickt ausbalanciert. Herrliche Länge aus Grapefruitnoten und edler, niemals vordergründiger Bittere. Dieses Bier ist eine Offenbarung. Einfach großartig. Craft-Bier, wie man es sich erträumt.

Empfohlene Kleinbrauereien, Österreich

Biermanufaktur Korneuburg

Bernhard Bugelmüller ist eine besonders erfreuliche Erscheinung in Sachen Hopfen und Malz. Mit seiner Biermanufaktur Korneuburg belebt er die Bierszene, er hat den Begriff Ab-Hof-Verkauf nachhaltig in die Bierwelt übertragen und kann einige Heurige zu seinen Gastro-Partnern zählen. Gut möglich, dass gerade im Weingenuss Geübte außergewöhnlichen Bierspezialitäten aufgeschlossener gegenüberstehen, als die sogenannten „klassischen Biertrinker". Bugelmüller ist nicht nur Hersteller guter Biere, sondern auch als Biersommelier höchst aktiv. Er gehört zu den Dozenten der ersten Stunde an der neu gegründeten BeerCademy Sankt Salvator und veranstaltet in seiner Biermanufaktur regelmäßig Braukurse und Bierseminare. Bugelmüller hat in Korneuburg einen Bierclub mitbegründet und beteiligt sich immer wieder mit Bierständen an Festen und Messen. Seine Website quillt förmlich über vor lauter Aktivitäten und Attraktionen, das Programm seiner kleinen Brauerei würde jedem mittelständischen Betrieb und sogar mancher Großbrauerei zur Ehre gereichen. Bugelmüller zeigt mit seinem Tun einen möglichen Weg auf, um in Österreich, dem Land so vieler köstlicher Biere, auch als kleiner Betrieb gegen die Übermacht der Großen zu bestehen. Sein liebeswürdiger Aktionismus, der freilich auf exzellente Bier-Güte und kreative Produktideen aufsetzt, zieht immer weitere Kreise. Ein kleiner Haken an der Sache: der brauende Biersommelier hat sich bei seinen Fans so unentbehrlich gemacht, dass er seinen Ab-Hof Verkauf gar nicht mehr sistieren kann, nicht einmal für eine (Urlaubs-) Woche. Denn die Stammkunden reagierten auf eine diesbezügliche Aussendung im Frühjahr 2012 mit massiven Protesten, sodass der begehrte Bräu schließlich nachgab und aufsperrte. Ganz selten kommt es dennoch vor, dass so ein Verkaufstag ausfallen muss: Wenn er wieder einmal leer gekauft worden ist.

Neben seinen klassischen Sorten wie dem Korneuburger Original, dessen hopfigem Bruder, dem Korneuburger Premium oder dem malzigen Korneuburger Privat gelingen ihm immer wieder faszinierende Kreationen, die auch in der Medienwelt für Aufsehen sorgen. Zum Beispiel sein Granatapfelbier, das weit mehr als eine spinnerte Idee oder ein Brauversuch war. Abgesehen davon, dass es einfach köstlich aussah und mundete, gelang es ihm mit diesem Gebräu auch, die erotische Attraktivität der hierzulande seltenen Obstsorte auf das Bier zu übertragen. Frauentitel unter den Magazinen haben das köstlich-rote Nass mit Begeisterung ihren Leserinnen empfohlen. Für den Herbst 2012 braute er ein Imperial Stout, das er Black Cat nannte.

Seit 2011 glänzt der telegene Bugelmüller als Fernsehbiersommelier in der beliebten Koch-Show Frisch Gekocht. Dort bringt er an der Seite der Romy-Preisträger Andy und Alex dem TV-Publikum das Bier näher und trägt so dazu bei, dass die Botschaft von Qualität und Vielfalt schäumenden Gebräus unter die Leute kommt. Die heilige Kuh der Korneuburger Brauerei ist und bleibt jedoch der Ab-Hof Verkauf, der zur Zeit der Verfassung dieses Buches immer am Freitagnachmittag und am Samstagvormittag abgehalten wurde. Die aktuellen Zeiten findet man prominent auf seiner Website – die jedenfalls eine lohnende Lektüre darstellt. Oder man hat ohnehin den Gratis-Newsletter von www.BIERtaeglich.eu abonniert, dann ist man auch über Bernhard Bugelmüller und seine bierigen Aktivitäten bestens informiert.

Neufeldner Bier, die erste oberösterreichische BioBrauerei

Die Familie Meir ist wirtschaftlich höchst erfolgreich. Bis vor kurzem allerdings in anderen Branchen. Seit dem 26. September 2011 leuchtet ihr Stern auch in glanzfeinem Gold über die heimischen Biergefilde. An diesem Tag feierte die Brauerei Neufelden ihre Wiederauferstehung – als Erste Oberösterreichische BioBrauerei. Damals wurde „vorerst ein Ausstoß von 4.000 Hektoliter per anno angestrebt". Mitte 2012 standen alle Zeichen auf einem Erreichen dieses Zieles. Dennoch muss man Alois und Martin Meir konzedieren, dass ihr Engagement als Brauherren nur aus Liebe zum Bier entstanden sein konnte. Aus Liebe zum Mühlviertel und zu einer kleinen Brauerei in Neufelden, die Alois Meir „schon lange Zeit beobachtet" hatte. Denn mit dem Kerngeschäft seiner Unternehmensgruppe – Immobilien, im Besonderen Einkaufszentren – lässt sich zweifellos mehr Geld verdienen als mit einer kleinen Braustatt.

Die Neufeldner Brauerei hat eine bewegte Geschichte hinter sich. Der alte Betrieb am Standort hat 1968 die Brauaktivitäten beendet. 25 Jahre später wurde Neufeldner Bier von Gottfried Breuss wiederbelebt und bis Ende 2009 fortgeführt. Die Welser Brüder Alois und Martin Meir haben 2011 die Braustätte übernommen. Sie sind überzeugt: „Das Mühlviertel ist die oberösterreichische Bio-Region" und setzen deshalb bei ihrem Bier ausschließlich auf regionale Rohstoffe aus kontrollierter Bio-Landwirtschaft. Der Hopfen stammt aus dem Mühlviertel. Das ist aufgrund der Nähe – drei Gehminuten – zur Genossenschaft der Mühlviertler Hopfenbauern auch irgendwie selbstverständlich. Der Betrieb wurde vom staatlich akkreditierten Prüfinstitut LACON als Bio- Brauerei zertifiziert und ist Partner von Bio Austria.

Im Sommer 2012 wurde auch der Braugasthof neu belebt. Die frisch renovierte, schönbrunnergelbe Fassade wirkt einladend. Das kleine Brauhaus arbeitet mit einem schmucken Zweigeräte-Sudwerk und wer einen Blick in den Gärkeller werfen darf, kann sich über die offene Gärung freuen, mit der Richard Grasmück, der Neufeldner Braumeister, seine flüssigen Babies aufzieht. Grasmück wurde in Montreal/Kanada geboren und ist in Deutschland aufgewachsen. Der Brauer und Mälzer hat in etlichen deutschen Brauereien gearbeitet, unter anderem im Erdinger Weissbräu. Vor seinem Engagement in Neufelden war er als Produktionsleiter in der Braucommune in Freistadt beschäftigt. Grasmück: „Viele Brauereien werben damit, dass sie beste Rohstoffe verwenden, wir haben sie wirklich. Und das schmeckt man." Die Neufeldner BioBrauerei akzeptiert durch ihren Qualitätsanspruch etwa „doppelt so hohe Rohstoffkosten wie konventionelle Brauereien".

Die Neu-Positionierung des Brauhauses als Biobrauerei ist höchst gelungen, ebenso wie die Einführung der Mühlviertler Weißen, mit der Neufeldner Bier die Szene im schönen Land nördlich von Linz überrascht hat. Als Vorbote des Weissbräus wurde im Spätherbst 2011 auf einem fröhlichen Fest ein köstlicher Weizenbock vorgestellt, mit dem man die Brauerei einem größeren Publikum präsentierte. 2012 erfolgte dann eine Neuauflage des köstlichen Starkbieres.

Auch im Vertrieb, wohl das schwierigste Feld im Biergeschäft, haben die

Gebrüder mit kreativen Ansätzen und guten Kontakten rasch Erfolge erzielt. Zu Beginn mit einer Kooperation mit der Lagerhausgenossenschaft Urfahr-Umgebung. Das bedeutete zehn Verkaufsstellen mit einem Schlag.

Stiegl

Die Stieglbrauerei zu Salzburg gehört wahrlich nicht zu den „Kleinen". Im Gegenteil, sie ist die größte Privatbrauerei Österreichs, und das mit Abstand. Seit einigen Jahren beträgt der Bierausstoß rund eine Million Hektoliter. Obwohl das Stiegl-Angebot viele Sorten umfasst, macht das Goldbräu, die Stiegl Interpretation des heimischen Märzenbiers, knapp 90 Prozent des Gesamtausstoßes aus. In der verbleibenden Menge finden wir weitere Klassiker, wie das ausgezeichnete und bestens gehopfte Stiegl Pils, das Paracelsus Bio-Zwickel, die Stiegl Weisse, mehrere Radler oder saisonales Gebräu wie den Stiegl Bock oder das inzwischen in ganz Österreich erhältliche Stiegl Herbstgold. Schon diese Sortimentsbreite ist erfreulich, wenn man die Nachfrage und somit die Märzenlastigkeit des Gesamtausstoßes bedenkt. Aber das war Heinrich Dieter Kiener, der gemeinsam mit seiner Frau Alessandra die Brauerei besitzt und führt, noch nicht genug Beitrag zur heimischen Bierkultur. Seit einigen Jahren wird in Stiegl's Brauwelt, dem bestens frequentierten Besucherzentrum (mit Museum, Devotionalienhandel, Biergarten, Schalander und der wunderschönen „Paracelsus-Stube") auch eine Kreativ-Brauerei geführt. In Stiegl's Brauwelt werden alte Stilrichtungen, die – zumindest in Österreich – selten geworden oder fast ausgestorben sind, wiederbelebt. Alt, Wiener Lager oder Kellerpils gehören zu den schützenswerten, seltenen Brauwaren-Arten, die von Stiegl gepflegt wurden und werden. Auf der anderen Seite werden dort Innovationen eingebraut, wobei die Braumeister in die reichhaltige „Kiste internationaler Zutaten" greifen und verschiedene Getreidesorten, Kräuter, Früchte, Blüten und Gewürze verwenden. Dabei entstehen Bierkreationen, die manchmal überraschen, aber immer fein und faszinierend sind.

Christian Pöpperl, der erste Braumeister, der lange Jahre als Prokurist für Stiegl arbeitete und seit einigen Jahren Geschäftsführer ist, und Markus Trinker, der Kreativ-Braumeister und erste Staatsmeister der Biersommeliers in Österreich, sind ein bestens eingespieltes Team. Trinker ist maßgeblich für die „Hausbiere" verantwortlich. Eine Serie, die man bis 2011 „Monatsbiere" nannte. In schöner Aufmachung, abgefüllt in attraktiven 0,75 Liter Flaschen, erscheinen Köstlichkeiten wie das **Wildshuter Sortenspiel.** Stiegl besitzt nämlich auch eine Landwirtschaft, das Gehöft Wildshut, wo Rinder gezüchtet und unterschiedliche Sorten Biogetreide angebaut werden. Neben der Kultur von Braugerste und Weizen werden alte, fast vergessene Sorten rekultiviert, wie etwa Emmer, Dinkel oder Schwarzer Hafer. Sie werden vermälzt und bilden so gemeinsam die Grundlage zum oben erwähnten Hausbier. Anfang 2013 wurde dort sogar eine neue eigene Mälzerei in Betrieb genommen.

Für die Adventzeit gibt es immer wieder Biere, die mit duftenden Kräutern und Gewürzen eingebraut werden. Oder wie 2011, ein Bier mit Honig, das Stiegl Weihnachts-Honigbier. Eine obergärige Bierspezialität aus erlesenem, feinsten Aromahopfen und edlem Akazienhonig. Damit wurde eine sehr, sehr alte Tradition wiederbelebt. Denn schon die alten Germanen haben einst ihr Bier mit Honig verfeinert.

Im Jänner 2012 folgte ein Extra Stout, im März ein Fastenbier. Im Frühjahr erfreuten uns die Braumeister mit einem besonders feinen Gebräu, das nicht mit Hopfen, sondern mit einer Kräutermischung gewürzt war. Markus Trinker prüfte den Autor dieses Buches, der, Gott sei Dank, das eine oder andere Kraut herausroch beziehungsweise -schmeckte. Die genaue Kräutermischung blieb aber, wie so vieles beim Bier, das Geheimnis der Brauer. Wieder stark hopfenbetont: Die sommerliche „Mühlviertler Hopfencuvée" zu der der Braumeister die folgenden Kombinations-Tipps abgab: Frische Salate, Pasteten, Aufstriche, Meeresfrüchte, gegrillter Fisch, Geflügel, Frischkäse, Schafkäse. Der Braumeister hat noch eine weitere, ganz allgemeine Empfehlung zu den Hausbieren: „Durch die schöne 0,75l-Flasche kann der Biergenuss auch zu Hause inszeniert werden und ist somit durchaus eine Alternative zum Wein. Stellen Sie die Flasche in einem Weinkühler auf den Tisch und servieren Sie das Bier direkt am Tisch in kleine Gläser".

Im Herbst 2012 wurde mit dem Stiegl IPA die Serie der Jahrgangsbiere fortgesetzt, die 2011 mit dem Triple Blond, das gemeinsam mit bier.pur eingebraut wurde, begonnen hatte – ein fantastisches Bier, so die einstimmigen Reaktionen der Fachwelt auf das nach Trappistenart gebraute Bier.

Mach es doch lieber gleich Stiegl

Dass sich die Welt der Edel- und Gourmetbiere immer rascher entwickelt (paradox: immer schneller in Richtung „Slow Brewing"), das haben mittlerweile selbst verschlafene Schnapsnasen begriffen. An kaum einem Ort bewegt sie sich zurzeit so spürbar, wie im Salzburger Stadtteil Maxglan. Schon anlässlich des Stiegl-Bierseminars im April dieses Jahres haben mir Braumeister Christian Pöpperl und Kreativbraumeister Markus Trinker stolz Einblick in eine dunkle Baustelle gewährt. Sie flüsterten mir zu: „Das wird der neue Fassreifekeller. Für das nächste Seminar müssen wir auch eine Verkostung im Keller einplanen".

Offen gestanden konnte ich mir nach den Einblicken in den damals noch finsteren Keller nicht viel vorstellen. Aber als ich jüngst durch die Anfang Mai fertig gestellten Räume geführt wurde, war ich tief beeindruckt. Ich habe schon ein paar ordentliche Bierkeller gesehen. Was aber Stiegl dort hingebaut hat, ist fabelhaft. Nischen und Regale aus Ziegel-Sichtmauerwerk wurden in den ziemlich großen, neuen Verkostungskeller eingebaut, sie bieten Platz für 8.000 Flaschen edler Bierspezialitäten. Ein Teil war schon zur Eröffnung am 5. Mai eingeräumt. Man findet dort einige Neuentdeckungen, wie auch wohlbekannte Starkbier-Köstlichkeiten aus aller Welt. Es ist wieder mal typisch Stiegl, dass man die noch leeren Plätze nicht nur durch internationale Produkte, sondern auch durch erstklassige österreichische Biere auffüllen wird. In der Craftbier-Szene gibt es eben ein Miteinander, selbst wenn am Markt die Konkurrenz scharf ausgetragen wird. Es sollte allen Brauereien daran gelegen sein, ganz allgemein den Wert des Bieres im Bewusstsein der Öffentlichkeit zu heben. Oder besser gesagt, die öffentliche Meinung auf den tatsächlichen Wert des Bieres und seine Vielfalt aufmerksam zu machen.

Der Verkostungskeller ist schlicht aber edel möbliert. Ein schöner Kontrast zur etwas rustikalen Wirkung der roten Ziegel. Als eindrucksvoller Akzent schwebt ein riesiger Kristallluster von der Decke und erfüllt den Raum mit Licht. Der Keller ist auf 12 Grad Celsius temperiert. Optimale Bedingungen für die Lagerung der Biere. Wenn man einen Pullover trägt, ist die Raumtemperatur auch für die Dauer einer kommentierten Verkostung gut auszuhalten. Dass hier keine Kompromisse gemacht wurden, sondern die perfekte Lagerung der Biere im Vordergrund steht, spricht ebenfalls für die

Bierkultur, die in Salzburg gepflegt wird.

Der Fassreifekeller befindet sich unmittelbar neben dem Verkostungskeller. Er erinnert in seiner Ausgestaltung an den Barriquekeller eines Rotweingutes. Einige der dort aufgestellten Fässer sind „gebraucht", waren mit Spirituosen oder (Süß-) Wein erstbelegt. Die anderen 225 Liter Fässer sind neu und gut getoastet. Trinker und Pöpperl haben bereits unterschiedliche Ausbauvarianten ausprobiert. Die Erfahrungen mit dem Ausbau im kleinen Holz sind nämlich noch relativ dünn gesät. Das „Versuchsbier", welches uns Trinker, der erste österreichische Biersommelier-Staatsmeister, eingeschenkt hat, wurde von uns aber eher als „vollkommen" wahrgenommen. Wir hatten selten ein so köstliches Gebräu im Glas, wie dieses Ergebnis von Ausbautests bei Stiegl.

Die architektonische Gestaltung des Fassreifekellers ist überaus gelungen. Das beginnt bei der geschmackvollen Erdton-Farbgebung von Boden, Wand und Zier-Steinen. Sowohl die Stirnseite als auch die vier tragenden Säulen sind mit rötlichen und ockerfarbigen Natursteinen verkleidet. Zugunsten einer einfachen aber eindrucksvollen Linienführung wurde auf Dekor weitgehend verzichtet. Lediglich ein güldenes Brauerwappen prangt an der Stirnseite. Es weist darauf hin, dass sich in den aufgestellten Barriques Bier und nicht etwa Wein befindet. Der herannahende Besucher kann den Fassreifekeller in seiner gesamten Schönheit bereits vor dem Betreten erfassen. Eine durchgehende Glasfront scheidet ihn vom Flur. Die jüngsten Investitionen, Verkostungskeller, Fassreifekeller und, nicht zu vergessen, die Spezial- Mälzerei in Wildshut, demonstrieren eindrucksvoll, dass sich Stiegl auch zu einer bedeutenden Größe der europäischen Craft Bier Szene entwickelt hat. Und wie wir die größte heimische Privatbrauerei kennen, ist das Ende dieser Entwicklung noch lange nicht erreicht. Im Gegenteil. Vorfreude auf weitere Craft-Bier-Aktionen der „Stiegler" ist berechtigt, wir haben auch schon einiges läuten hören. Vor allem können wir uns auf viele großartige Bierspezialitäten freuen, die auch in nächster Zeit aus diesem Hause kommen werden.

Kadlez

Christian Schneider ist nicht irritiert, wenn man ihn mit „Grüß Gott Herr Kadlez" anspricht. Schließlich ist er der Kadlez-Bräu und der schöne, für Wien typische, böhmische Name kennzeichnet die Familientradition. Der aufgeschlossene und liebenswürdige Brauer hat ein großes Herz für Bierfreaks, nicht nur als Gastgeber für den Stammtisch der gleichnamigen Vereinigung, deren Name Programm ist. Schneider erzählt, dass er im Sommer weniger Geschäft hat, obwohl der Biergarten im Innenhof seiner Gasthausbrauerei sehr angenehm ist. Drinnen ist es jedoch auch schön, denn die Brauerei ist nur durch eine Glasfront von den Gasträumen getrennt – man sitzt gleichsam unmittelbar im Geschehen. Schneider erzeugt ein überschaubares Sortiment. Es umfasst vor allem Klassiker wie Helles, Weizen, Zwickel und Pils. Darüber hinaus beschenkt er sich und uns immer wieder mit etwas ausgefalleneren Bierspezialitäten. Im Sommer 2012 war das ein IPA (India Pale Ale) mit einer herrlichen Rezenz und Hopfenfrische. So ein Bier frisch aus der Brauerei ist (noch) eine echte Seltenheit und rechtfertigt auch für Cisdanubianer (Menschen, die in den südlich der Donau gelegenen, alten Stadtteilen der Bundeshauptstadt leben) den „weiten Weg nach Floridsdorf" (der in Wahrheit mit ein paar Minuten U-Bahn-Fahrt geschafft ist).

Martin Freitag hat die folgende Kostnotiz verfasst:

Funkelndes Kirschrot, schneeweißer, stabiler Schaum. Optisch eine Augenweide für den Bierliebhaber. Schöne, fruchtige Hopfennase. Kräuter und Zitrusfrüchte (Grapefruit) am Gaumen, fein eingebundene Kohlensäure. Angenehme, dezente Hopfenbittere, die mit dem weichen Malzkörper harmoniert und lange nachhallt. Ein herrlich ausgewogenes India Pale Ale, dessen Bittere nicht im Vordergrund steht, das sich den Charakter dieses Bierstils aber dennoch bewahrt hat.

An solch bierigen Verlockungen wie dem Kadlez Bräu ist ganz Wien nicht so reich. Nehmen wir zum Beispiel das Kadlez-Pils. Es gehört zu den wenigen „echten" Vertretern seiner Art. Es ist so mustergültig, dass man es gut und gern zur Biersommelier-Ausbildung heranziehen könnte. Sehr hell, glanzfein, bestens gehopft. Der Antrunk ist hoch-rezent und fühlt sich genauso an, wie das bei einem Pils sein soll. Schlank und herb am Gaumen und in einem langen Nachtrunk fein ausschwingend gehört es zu den besten Pilsbieren, die mir bislang vorgesetzt worden sind.

Im Herbst 2012 wurde gemeinsam mit einigen „beerfreaks" ein „Freaky Ale" eingebraut, das auch die anderen Kadlez Gäste genießen durften. Eine famose Köstlichkeit!

Brauerei Gratzer

Zwei Mal hat Alois Gratzer, der junge Bräu aus Obertiefenbach, die Staatsmeisterschaft für Klein- und Hobbybrauer ausgerichtet, beide Male im steirischen Pöllau. Es war schön mitanzusehen, wie souverän er agiert hat. Gratzer ist ein besonders gutes Beispiel dafür, dass sich Braumeister meist als Botschafter des Biers in cumulo verstehen und nicht nur das eigene Produkt loben.

2011 ist Gratzer Vater geworden. Aber auch sonst hat sich in jüngster Zeit viel verändert. Der Aufschwung seiner Brauerei äußert sich deutlich in ihrem neuen Corporate Design, das 2011 veröffentlicht wurde. Kernstücke dieser Neugestaltung sind, neben dem Logo und der Umbenennung des Betriebs von Gratzer Bräu auf Brauerei Gratzer, die Produktnamen und Flaschenausstattungen, die aus attraktivem Bügelverschlussgebinde und neuen Etiketten bestehen. Im renovierten Vierkanthof steht die kleine, feine Brauanlage; vor seinem Haus schüttet die Blasiusquelle. Hinter dem Gehöft hat er einen Wald, aus dem er das Holz für seine Kisten holt. Auch die anderen Rohstoffe kommen aus der Region. Gratzer braut daraus ausgezeichnete Naturbiere. Gelungen ist auch das Wording für die Positionierung seines Betriebs: „Gratzer Feinstes Naturbier". Ein weißer Hase ziert als Wappentier die Marke. Aber damit ist das Tierische noch lange nicht erschöpft. Jedes einzelne Bier trägt einen Vornamen (Hermann, Trude, Friedrich …) und zeigt ein Tier. Wer glaubt, das seien Haustiere oder die Lieblingstiere der Familie, irrt. Gratzer erzählt, wie er in den Tierpark gefahren ist und dort Schüsseln aufgestellt hat, in die er die unterschiedlichen Biere gegossen hat. Dann hieß es Warten. Doch nicht allzu lange, denn Bierduft lockt nicht nur Schluckspechte und Naschkatzen an. Trude, die Eule, wählte sein voluminöses, leicht hopfiges, prickelndes Bier. Hermann, der Bär, gönnte

sich passender Weise das kräftige Dunkle, mit den feinen Röstaromen. Eich-
hörnchen Friedrich wollte seine sprunghafte Fitness nicht gefährden und
hüpfte zum spürbar gehopften, lieblich-leichten Sommerbier. Johann, der
Igel, erwies sich als Schleckermaul und gönnte sich das volle Naturspekta-
kel des goldgelben, angenehm moussierenden Biers mit leichter Restsüße,
das nun seinen Namen trägt. Gratzer zu seiner Verkostungsidee: „Was ist
natürlicher als unsere regionale Artenvielfalt? Ich durfte also zur Verkostung
bitten. Ich braue ausschließlich mit regionalen Rohstoffen aus Österreich.
Die perfekte Kombination von guter Luft und wunderbarer Natur sowie
der Verzicht auf genetisch veränderte Rohstoffe, chemische Aromen,
Pasteurisation, Filtration oder das Versetzen mit Kohlensäure lassen ein
feines Naturbier entstehen".

Wenn einem die Natur so wichtig ist, wie dem Bräu aus Kaindorf, dann
ist es nur logisch (aber nicht minder löblich), wenn so einer Pionierleis-
tungen in Sachen Nachhaltigkeit vorzuweisen hat. Seit Juli darf sich die
Brauerei Gratzer „Erste CO2neutrale Brauerei Österreichs" nennen und
wurde dafür mit dem „Excellent Project Award" im Rahmen des Daphne
Umweltschutzpreises 2012 ausgezeichnet. Der Biersommelier hat seine
2002 gegründete Brauerei nun dort, wo sie sein soll. Vorläufig. Denn so ein
Bräu, wie der Gratzer Alois, hat ganz gewiss noch Pläne.

Hofstetten: Aus Kübeln und aus dem Granit

Hofstetten ist immer noch eine Kleinbrauerei, mit aktuell rund 6.000 Hektolitern pro Jahr. Bewertet man Brauereien aber nach ihren bierigen Geschichten, nach ihrem Mut zu ausgefallenen Sorten, nach ihrer Flexibilität
und nach ihrer Art, auf das Publikum zuzugehen, so gehört Hofstetten längst
zu den Riesen der heimischen Bierbranche. Granitbier und Granitbock
sind solche geschichtenerzählenden Biere, das Honigbier und der Honigbock ebenso. Das herbstliche Kürbisbier gehört zu den Glanzpunkten der
Bierviertler Brauerei, wie auch mit und für andere eingebraute Sondersude.
Ein echter Renner ist das Kübelbier, von dem es zwei Varianten gibt: Die
heimische und eine Variante für den Export in die USA. Die alte Geschichte dieser außergewöhnlichen Bierspezialität wurde erst im Herbst 2011 aus
gegebenem Anlass wieder erzählt. Im Falle des Kübelbiers zeigten die

Hofstettner nämlich Pionier-Qualitäten – in mehrfacher Hinsicht. Altbräu Franz Krammer berichtete in der „Alten Welt", einem stimmungsvollen Gasthaus in Linz, wie es zum Kultbier kam: Bereits vor 500 Jahren zapften Mühlviertler Brauarbeiter zu besonderen Anlässen das unfiltrierte, naturtrübe Vollbier direkt und ganz frisch vom Fass in einen Kübel, aus dem dann gemeinsam getrunken wurde. Eiweiß-, Hefe- und Hopfenaromastoffe werden nicht herausgefiltert, daher schmeckte dieses Bier so rund und süffig. Also wollte man diesen Brauch in den 1970er Jahren wieder aufleben lassen. Damals wohlgemerkt, wurde in Österreich kein Zwickel- (oder Kellerbier) vermarktet.

Abtauchen in eine lebensfeindliche Atmosphäre

Vorerst auch in Hofstetten nicht. Denn Krammer sen. holte dieses feine, volle Bier zwar immer wieder aus dem Keller, aber nur für seine Freunde. Natürlich ging das nur in Zeiten, in denen die Gärung nicht in vollem Gange war, der Kohlenmonoxid-Gehalt der Luft im Gärkeller also gegen Null ging. Krammer pflog, wie das am Land so üblich war, auch ein persönliches Engagement für die Gemeinschaft: Er war Feuerwehrtaucher. Als solcher suchte er, bei nur einem Meter Sicht und auf seinen Tastsinn angewiesen, in der Donau nach Vermissten. Um sich von einer derart g'schmackigen Unternehmung zu erholen, versammelten sich die drei Taucher, Krammer und seine Freunde Fredi Hartl und Arnold Haas, in der Brauerei zu Sankt Martin im Bierkreis. „Du hast doch so ein spezielles Bier", fragten die Freunde den Bräu. „Ja, aber das würde uns heute umbringen", antwortete Krammer damals lachend. Denn im Braukeller stand das Bier hektoliterweise in voller Gärung. Wer dorthin abtaucht, kann nicht einmal ein paar Sekunden überleben. Was also tun? So kamen die Feuerwehrtaucher auf die Idee, das Kübelbier in einem Sondereinsatz zu „retten". Sie warfen sich in volle Montur mit Pressluftflasche, Atemgerät und Taucherbrille, schnappten je einen Kübel - und entschwanden bestens geschützt in der hochgiftigen Atmosphäre des Hofstettner Bierkellers.

Schutzmarke Kübelbier.

Franz Krammer beschloss schließlich, dieses bei seinen Freunden so beliebte Bier auch zu verkaufen. Zu diesem Behufe konsultierte er den Leiter der nahen Handelsakademie (ein begeisterter Kübelbiertrinker), wie er denn nun, da diese Sorte nicht mehr vor dem Markt zu verbergen sei, das Bier nennen sollte? Der gute Mann zeigte sich als echter Experte: „Du musst es Kübelbier nennen. Erstens kennen es unter diesem Namen schon einige und zweitens kannst du dir das schützen. Das Wort ‚Kellerbier‘ kann man nicht schützen lassen." So heißt Österreichs erstes Zwickl der Neuzeit „Kübelbier", eine Marke der kleinen, großen Brauerei Hofstetten.

Schon seit einigen Jahren führt nun Franzens Sohn, Peter Krammer, die uralte Brauerei im Bierviertel. Er hat das Sortiment stark in Richtung (kraftvolle) Spezialitäten verändert und bietet neben unterschiedlichen Böcken und Barley Wine auch saisonale Kompositionen. Neben dem schon legendären Honigbier gab es da auch Biere mit Äpfeln, Kaffeebohnen und, jüngst, Kräutern. Ausgefeilte und feine Kreationen, welche die heimische Bierszene wesentlich bereichert haben und bereichern. Alleine über die Hofstettner Biere könnte man ein spannendes Buch schreiben. Hier möchte ich aus Platzgründen nur noch eine Köstlichkeit besonders hervorheben, den Hofstettner Granitbock.

Nachdem die Brauerei mit ihrem Granitbier schon über einige Jahre große Erfolge gefeiert hatte, wurde anno 2008 beschlossen, ein Granit-Bockbier einzubrauen, das in alten Granitsteinträgen vergoren wird. Die Idee zur Bereitung dieses Biers verfestigte sich im Bräu, als er einmal einen solchen schweren Trog betrachtete, der zum Inventar der Brauerei gehörte. Bald darauf wurden zwei weitere granitene Tröge aufgetrieben. Die vollständige Säuberung war eine Herausforderung. Es wird natürlich auch im Sudhaus der Brauerei, das aus dem Jahr 1929 datiert, hergestellt. Krammer: „Während der Hauptgärung in alten Granitbottichen hat das Gestein Zeit, seine Geschichte an das Bier weiter zu geben. Um auf Temperatur zu kommen, starten wir diesen Prozess mit glühenden Granitzwecken (Pflastersteinen ähnlich). Die Steine werden über offenem Feuer erhitzt, bis sie gelb glühen (!) und werden dann mit Zangen in die Würze gestoßen, wo sie schlagartig abkühlen. Dabei karamellisieren Bierinhaltstoffe, die Hefe erhält optimale Gärbedingungen. Obendrein wird beim Granitbock die Hefe klassisch aufgezogen. Das bedeutet, dass sie von Kübel zu Kübel geschüttet wird, um Luft zu bekommen. Die granitenen Gärbottiche bleiben offen, also kann der Braumeister die Kräusendecke abschöpfen. Dabei werden die unedlen Hopfenbitterstoffe entfernt. Das Resultat: Ein überaus feiner, dunkler Bock mit schönen Karamell- und Röstaromen und einem wunderbaren

Hopfenbuket. Nach einer langen Lagerung in den alten Gewölbekellern der Brauerei wird der Bock bereits im Juli auf die Flasche gezogen. So kann bis zu seiner Hauptsaison, zu Weihnachten, eine Nachreifung stattfinden

Camba Bavaria

Die Camba ist so unglaublich – mit ihr alleine könnte man ein Buch füllen. Regelmäßig 15 (!) Sorten am Hahn und das bestens gepflegt. Davon immer drei „Fremdbiere". Bei der Camba pflegt man das Miteinander zum Wohle der Bierkultur.

Um ein Thema herauszugreifen – und weil es besonders lustvoll ist – stellen wir hier jene Sorten vor, die zwischen der BrauBeviale 2011 (November 2011) und September 2012 – also innerhalb von nur zehn Monaten – neu herausgekommen sind. Einige dieser Biere haben ziemlich eingeschlagen, weil sie nicht nur als Brau-Kreationen köstlich sind. Sie wurden auch äußerst geschickt verpackt und vermarktet. Allen voran das…

Stefan Dettl LoveBeer

Sicher hat auch der Zufall geholfen – Dettl, ein bayerischer Rockstar[151], kommt auch aus Truchtlaching und sitzt öfter in der Camba. Aber das allein macht die Kooperation nicht aus. Da haben sich zwei gefunden, die zusammenpassen. Zwei Stars, frei von Star-Allüren. Auf Dettls Website heißt es: „Rockstar, schön und gut – aber zu dem Begriff […] hat Stefan Dettl freilich ein eher ironisch-kokettes Verhältnis. Kein Star-Getue bitteschön, Dettl will im Gegenteil noch viel näher ran an die Leute: ‚Wir möchten die Leute umarmen, mit ihnen feiern, ihnen Sachen näher bringen, die uns wichtig sind, auch ein bissl provozieren und zum Nachdenken anregen'". All diese Überzeugungen stimmen eins zu eins mit den Intentionen der Camba Bavaria überein. Im Brauhaus an der Alz werden die Leute freudig empfangen, anstelle einer Umarmung (obwohl: auch solche wurden schon öfter gesehen) gibt es einen Begrüßungsschluck vom Haus. Es geht weiter: „Auch aus der Sicht der Camba kann man sagen: ‚Wir bringen den Leuten die Sachen näher, die uns wichtig sind'". Denn an der Alz wird den Gästen

---

151 *Siehe ein paar Zeilen weiter …*

das Bier näher gebracht. Mittels Antworten auf alle möglichen Fragen, die bei einer solchen Biervielfalt durchaus aufkommen. Oder in konzentrierter Form, während der regelmäßig stattfindenden, von Biersommeliers begleiteten Verkostungen. Die Camba Leute, allen voran Hauptinhaber und Braumeister, Biersommelier Markus Lohner, sind begehrte Interviewpartner und Teilnehmer an Podiumsdiskussionen. Am besten tratscht es sich mit ihnen aber direkt auf der Terrasse an der Alz, wenn sie nicht gerade in internationalen Gewässern segeln.

Camba – Stefan Dettl Lovebeer – Summer of Love

Das Stefan Dettl Lovebeer begrüßt uns mit seiner leuchtenden, strohgelben Farbe. Attraktive opalisierende Optik, das Bier schimmert hefedurchzogen. In der Nase intensive, exotische Fruchtaromen á la Mango und Blutorange. Der Antrunk begeistert mit erfrischender Rezenz. Am Gaumen eine kräftige, zugleich spritzige Grapefruitnote. Insgesamt ausgewogen. Der Ausklang ist relativ trocken, doch lange und vor allem von einer frisch- fruchtigen und vor allem blumigen Hopfen-Note getragen. Eine „richtig guade, bsondere Sommer Weiße.“ Wie sagt Stefan Dettl? „Summer of Love“.

- *Helles Weizenvollbier*
- *5,2 % Vol. Alk., Stammwürze 12,8%*
- *Rein obergärige Bierhefe*
- *Amerikanischer Aroma Hopfen der Sorte Simcoe*

Wie sich herausgestellt hat, war auch die Idee, ein eigenes Burschenbier einzubrauen, goldrichtig. Keine leichte Entscheidung, denn hier handelt es sich um eine alte und wichtige Tradition, nicht nur für den Chiemgau. Aber das ist ja das besondere an der Camba: Sie hat was von einem Chamäleon. Denn diese faszinierenden Tiere können sich auch anpassen, ohne die eigene Persönlichkeit aufzugeben.

Camba – Burschenbier

Glänzendes Kupfer, naturtrüb. Schöner, stabiler Schaum. Im Duft überwiegen die Aromen des Malzes, eine zarte Karamellnote eingeschlossen. Gute Rezenz, die bekömmliche Gärkohlensäure wird durch eine feine Hopfenbittere unterstützt. Am Gaumen angenehm vollmundig, weich und rund. Auch dort überwiegen die Eindrücke der hellen und dunklen Malze. Sanfter balancierter Nachtrunk, zu dessen Ende sich noch einmal dezent der Hopfen meldet.

- *Unfiltriertes, kupferfarbenes Lagerbier*
- *Rein untergärige Hefe*
- *5,4 % Vol. Alkohol, Stammwürze 12,9%*

Unter beerfreaks hat sich in den vergangenen Monaten rasch die Kunde von der neuseeländischen Hopfensorte Nelson Sauvin herumgesprochen. Nur wenige Brauer haben sich über das Biergewürz, das dem fertigen Gebräu eine leicht weinige Note verleiht, drüber getraut. Außerdem war Nelson Sauvin Hopfen gar nicht leicht zu bekommen. Eine Brauerei mit den Kontakten einer Camba Bavaria hat jedoch keine Probleme, an so eine Rarität zu kommen. Zum Wohle der Biergenießer, die es nach Truchtlaching verschlägt. Denn die dürfen sich jetzt über die Nelson Weiße freuen.

Camba – Nelson Weiße

Dunkles Gelb bis Orange, schöne Hefetrübung, stabiler Schaum. Sehr fruchtig in der Nase, das Bräu duftet nach Blutorangen, Pfirsichen und Stachelbeere, durchzogen mit einer würzigen Prise Gewürznelken. Spritzig im Antrunk, am Gaumen guter Trinkfluss gepaart mit schöner Fülle. Changierender Ausklang, in dem die fruchtigen mit den würzigen Noten und einer ganz zarten aromatischen Bittere spielen.

- *Helles Weizenbier*
- *Rein obergärige Bierhefe*
- *Neuseeländischer Aroma Hopfen Nelson Sauvin*
- *5,2 % Vol. Alk., Stammwürze 12,8%*

Verbleiben noch zwei obergärige Biere, zuerst ein weiteres Mitglied der beliebten Ale-Familie aus dem Hause Camba Bavaria und zwei Mal untergäriges Gebräu – ein schwarzes Lager und ein Bockbier neuerer Art. Die beiden letzteren reiften heran, als diese Zeilen verfasst worden sind. Aber Sie Glückliche, Sie Glücklicher, die Sie das jetzt lesen, haben wahrscheinlich die Möglichkeit, das eine oder andere zu verkosten. Lassen Sie sich die folgenden vier nicht entgehen:

Camba – Amber Ale

- *Unfiltriertes, bernsteinfarbenes Ale*
- *Rein obergärige Bierhefe*
- *Fruchtig weich mit abgerundeten Kirsch und Waldbeer-Noten*
- *7,2 % Vol. Alk., Stammwürze 16,8%*
- *Intensives, komplexes Ale*
- *Vollmundig und doch frisch*
- *Im Ausklang kräftig, weich abgerundeter rezenter Eindruck, umrahmt von feinen Apfel-Zimt Noten*

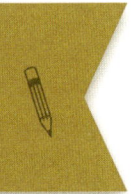

Camba – Amber Love

- *5,9 % Alk., 15,1 % Stammwürze*
- *Obergärige Hefe*
- *Fruchtig weich, mit abgerundetem Waldbeer- und Kirscharoma und leichtem Grapefruit Anflug*

Die Biervielfalt wird an der Alz weiter ausgebaut. Denn dort geht es insbesondere um zweierlei: Um den Camba Ansatz zur bierigen Demokratie: **Jedem das Seine.** Und um die große Mission, dem Bier jenen Stellenwert zu verleihen, den es verdient.

Hofbräu Kaltenhausen

Zu Gast in Salzburgs ältester Brauerei

Bierfreunde haben viele Gründe, nach Kaltenhausen zu pilgern. In Salzburgs ältester Brauerei ist heute eine Spezialitäten-Manufaktur untergebracht, in der neue Bierrezepturen entwickelt werden. Aus dem guten alten Hofbräu wurde ein Treffpunkt für Bierkultur, der mittlerweile bei Profis aus der Gastronomie genauso beliebt ist, wie bei privaten Biergenießern, die sich auch gerne im traditionsreichen Braugasthof laben. Dort kann das Gesehene unmittelbar neben den Sudpfannen genossen werden.

Brauen unter einem guten Stern

Brauen hat in Österreich eine lange Tradition. Ein frühes Zeugnis dafür ist die Grundsteinlegung im Jahre 1475 für das so genannte „Kalte Bräuhaus", aus der später die Brauerei in Kaltenhausen wurde. Das „blonde Gold", seit jeher Quelle des Genusses und der Lebenslust, gelingt natürlich umso prächtiger, wenn die Brautradition auf einen besonderen Boden fällt, wie hier in Kaltenhausen. Seinen Namen verdankt der Ort nämlich der kühlenden Luft, die aus den Windröhren der Barmsteine hervorströmt. Die Entstehung der Brauerei geht auf den angesehenen Salzburger Kaufmann Hans Elsenheimer zurück. Er hat sich die geologischen Besonderheiten in Kaltenhausen zunutze gemacht. Das klare Felsquellwasser von den Barmsteinen begünstigt die Bierbereitung. Unterirdische Kalträume eignen sich vorzüglich für die Lagerung von Bier. Der Braustern, Zunftzeichen der Brauer, ziert auch heute das Kaltenhausener Logo.

Ein besonderes Brauereikonzept

In Kaltenhausen besteht die Möglichkeit, die Welt des Bieres sinnlich zu erleben. Das beginnt in der Spezialitäten-Manufaktur, in denen Traditionen gepflegt und Innovationen entwickelt werden. Das setzt sich im Treffpunkt der Bierkultur fort, in dem die Facetten des Brauens und Genießens anschaulich vermittelt werden. Und das findet im Braugasthof, in dem man das eben Erlernte am eigenen Gaumen testet, einen krönenden Abschluss. Günther Seeleitner, Doyen der österreichischen Braumeister, hat dort bereits außergewöhnliche Biere gemacht. Unter anderem ein Strong Porter (an dem ich ein wnig beteiligt sein durfte), ein Maroni Bier, ein Kirschbier und einen Hybriden: Das Riesling-Style.

Handbrauerei Gerhard Forstner

Die kleine Gasthausbrauerei „Hofbräu-Kalsdorf" erblickte im Jahr 2000 das Licht der Welt. Gerhard Forstner entdeckte spät (besser als nie) die Liebe und Leidenschaft zum Brauen. Das erste Bier entstand in einem 10 Liter Emailtopf am Gasherd. Das war der Beginn eines Forstner-Traumes, der damals noch viel eintönigeren Bierlandschaft Abwechslung einzuhauchen.

Gerhard Forstner war Optikermeister. Er verkaufte sein Geschäft und ging nach Japan, in einen alten entlegenen Tempel, um einige Monate Ruhe und Einkehr zu finden. Nach seiner Rückkehr erfolgte ein Neustart als Pionier-Bio-Bauer. Forstner ist ein Innovator, also musste er noch einen weiteren Neustart wagen. So wurde die beinah verfallene „Herderkeusche" in Kalsdorf zusammen mit dem Eigentümer revitalisiert und in eine Braugaststätte umgestaltet. Der Optikermeister bringt Genauigkeit mit, denn auch der Umgang mit Lebensmitteln erfordert Präzision. Aus seiner Bauernzeit brachte er Behutsamkeit mit an die Braukessel.

Bierkultur und Biervielfalt sind in der Handbrauerei Gerhard Forstner das A und O. Seine Biere schmecken einfach „anders" – auch durch die Flaschengärung. Die Forstner-Biere und Ales mit aktiver Hefe und wertvollen Begleitorganismen wurden mehrfach ausgezeichnet. Auch die Zusammenarbeit mit der Slow Food Bewegung beweist die Nachhaltigkeit des Forstnerschen Brauens. Slow Food Styria lässt Kreativbiere bei ihm entwickeln und brauen.

Das Chili Hotbeer gehört momentan zu den Favoriten in seinem Sortiment. Eine 2,5 HL Brauanlage der Firma Dreher aus Pottenstein ermöglicht es Gerhard Forstner, eine große Sortenvielfalt anzubieten. In ihr entstehen 13 Malzsorten, 8 Hopfensorten und 10 Hefesorten. Die Flaschenbiere sind nach dem Abfüllzeitpunkt bei gekühlter Lagerung mindestens 6 Monate haltbar, Starkbiere sogar mehrere Jahre. Die Handbrauerei sieht sich als Botschaft, die der heimischen Bevölkerung nahebringen möchte, dass Bier viel mehr kann als nur Durst löschen. Die Philosophie von Gerhard Forstner kann so beschrieben werden: Die Bierwelt wird durch ein sehr kleines Schlüsselloch gesehen, dahinter jedoch verbirgt sich ein Bierparadies und diese Einzigartigkeit und Vielfältigkeit müssen entdeckt werden. Das

Bonifatius Barrique ist ein besonderes Bier in Forstners Sortiment und veranschaulicht die Philosophie der Handbrauerei. Dabei wird mit amerikanischer Ale-Hefe vergoren und danach mit Rotweinhefe im Barrique-Fass nachgereift. Um diesem edlen Getränk noch den letzten Schliff zu verleihen, wird es in wunderschöne italienische Champagner-Flaschen mit Champagner-Hefe und Kork abgefüllt. Dieses Bier kann mit gutem Rotwein mithalten und bei besonderen Anlässen genossen werden. Die Biere von Gerhard Forstner wurden seit 2004 jährlich prämiert. Die aktuellste Prämierung fand 2012 auf der World Beer Challenge statt. Dabei holte sich das Slow 2 Roggen Ale Gold und Bonifatius und 5 vor Zwölf jeweils Silber. Der schönste Beweis für die konstante Qualität ist das Styrian Ale. Dieses Bier reichte Gerhard Forstner nur zweimal zur österreichischen Staatsmeisterschaft ein, nämlich 2005 und 2010 und beide Male gewann es den ersten Platz in der Kategorie Spezialbiere. Gerhard Forstner ist eben für viele ein Künstler unter den Brauern und in der Bierwelt.

Brauhaus Gusswerk

Das Beste kommt zum Schluss? Reini Barta und sein fabulöses Brauhaus Gusswerk ist im Haupttext schon oft vorgekommen. Als gleichsam „letzte Meldungen" kann ich ergänzend von seinem neuen Brauerei-Standort in Hof bei Salzburg und von seiner Goldmedaille beim European Beer Star 2014 – mit Weizenguss – berichten. Barta gehört zu den Lichtgestalten der Österreichischen Craft-Bier-Szene. Es ist ganz bestimmt kein Fehler, mit ihm diesen Text zu beschließen. Prost.

III
Glanzlichter internationaler Braukultur

Birrificio del Ducato – Viaemilia (Italien)
🍷 *5 % Vol.*

Kategorie
German-Style Kellerpils

Kostnotiz
Trübes, helles Gelb; feinporiger Schaum. Würziger Duft nach Nelken, gekrönt von einer frischen Hopfennote. Zarter Anklang an Bienenwachs. Der Antrunk ist mild in der Kohlensäure, hat sich aber sofort angenehm auf der Zunge verbreitet. Daher zwar „schwache" Rezenz – aber sehr gefällig im Antrunk. Sensationelles Mundgefühl. Würzig-hopfiger Geschmack. Sehr schön im Abgang. Lange und angenehm ausklingend.

Speisenempfehlungen
Helles Fleisch, Geflügel. Fasan bis Putenbrust. Geröstetes Gemüse, kann sogar Paprika begleiten.

www.birrificiodelducato.it

Glückauf-Brauerei – Glückauf Bock Dunkel (Deutschland)

 6,3 % Vol.

Kategorie
German-Style Dunkler Bock

Kostnotiz
Sehr dichter, feinporiger und cremefarbener Schaum. Klares Bier mit rötlichbraunem Glanz, die Farbe reicht von Mahagoni bis Bordeaux-Rot. Die Nase changiert zwischen Röstmalznoten und vollreifer Fruchtboten. Honigmelone, Dörrbirne, Weichsel; leichte Röst- und Raucharomen. Sehr gute Rezenz und feine Perlage, karamellig angenehme Süße nach Maroni, etwas Frucht- und Kaffeenoten. Im Abgang erinnert das Bier an Irish Coffee. Es klingt mit einer angenehmen Bittere aus, die nicht zu lange am Gaumen bleibt.

Speisenempfehlungen
Vanilleeis Schoko-Parfait Hirschmedaillons oder Hirsch-Salami Edelmaroni mit Pfefferrahmsauce und Rotkraut.

www.glueckaufbiere.de

Birrificio del Ducato – Wedding Rauch (Italien)
5,4 % Vol.

Kategorie
Rauchbier

Kostnotiz
Kräftiges Kastanienbraun, grobporiger Schaum. Würziger Räucherduft, Kohle. Schwache Rezenz, aber frisch und angenehm. Fantastische Kontraste zwischen der Herbe des Raucharomas und dem schmelzigen, geschmeidigen Malzkörper. Cremig am Gaumen. Im harmonischen Ausklang vernehmen wir eine karamellige Note sowie eine angenehme und würzige Bittere.

Speisenempfehlungen
Fisch in jeder Form, Räucherforelle, Kräftige würzige Käse. Geselchtes, Kaminbier, dazu Muskattrauben. Dunkles Wild. Hirschsalami.

www.birrificiodelducato.it

Brauerei Gusswerk – Weizenguss (Österreich)

🍺 *5,4 % Vol.*

Kategorie
South German-Style Hefeweizen Bernsteinfarben

Kostnotiz
Leuchtende Bronze, feiner, cremefarbener Schaum. Ausgewogener, anregender Duft, der ordentlich erfrischt. Reife, weiche, fruchtige Ester im Duft: vollreife Banane und Honig. Harmonie pur. Gute Rezenz. Leichte Schärfe im Antrunk. Am Gaumen phenolische Noten. Markante Herbe, alles andere als ein Warmduscher-Weißbier: Ecken und Kanten bis in den langen Nachhall; ein Bier zum Beißen. Der Weizenguss bleibt immer erfrischend und animiert zum nächsten Schluck. Sehr stimmig und durchgängig.

Speisenempfehlungen
Leberpastete. Bayerische Fleischgerichte mit Sauerkraut oder Rotkohl. Deftige, körnige Gerichte mit Linsen oder Graupen. Orientalische Lamm-Tajine.

www.brauhaus-gusswerk.at

Mahrs Bräu Bamberg – Der Weisse Bock (Deutschland)
🦌 7,2 % Vol.

Kategorie
South German-Style Weizenbock Dunkel

Kostnotiz
Dunkles Kastanienbraun, gute Trübung, fast blickdichter, cremefarbener Schaum. Kräftige, süße Nase mit Malznoten, ein wenig reife Banane und eine Erinnerung an hausgemachte Erdbeermarmelade. Gute Rezenz, vollmundig, üppige Süße. Cremig am Gaumen, röstaromatisch. Auch der Nachtrunk wird von üppiger, teils fruchtiger Süße dominiert. Haselnuss! Der Bock ist gut antrinkbar, weil dem an sich üppigen Bier eine gut gegliederte Kohlensäure- und Bitterstruktur zugrunde liegt.

Speisenempfehlungen
Ente und Gans, Wildgerichte. Schmorbraten mit Haselnuss-Spätzle. Kräftige Käse. Mousse au chocolat.

www.mahrs.de

Firestone Walker Brewery – Pale 31 (USA)

🍷 4,9 % Vol.

Kategorie
English-Style Pale Ale

Kostnotiz
Dichter, schöner, feinporiger Schaum, helles Bernstein – kupferfarben wie ein Sonnenuntergang. Üppiger Fruchtduft nach Mango, Blutorange, Maracuja. Quitte, Kumquats, Lychee. Gute Rezenz, angenehmer Geschmack nach Grapefruit, fruchtiges Mundgefühl, elegante Bittere. Erinnert an eine erfrischende Brise auf Hawaii. Leicht zu trinken, lang anhaltende Bittere. Exzellent.

Speisenempfehlungen
Gebackener Ziegenkäse oder Camembert, Rote Beete, Risotto. Gegrilltes Rinderfiletsteak mit orientalischer Barbecuesauce.

www.firestonebeer.com

Sierra Nevada – Pale Ale (USA)

🍷 5,6 % Vol.

Kategorie
Pale Ale

Kostnotiz
Dunkles Gold mit Orangestich. Blumiges Hopfenaroma mit Zitrusblüten, Pinie und etwas Karamellmalz. Am Gaumen ausgewogen und rund, etwas blumiger Hopfen. Im Nachtrunk weich und trocken mit angenehmer Bittere.

Pelican Pub & Brewery – MacPelican's Wee Heavy (USA)
♟ ? % Vol.

Kategorie
Scotch Ale/Wee Heavy

Kostnotiz
Dunkles Kastanienrot; feinporige, gelblich-cremefarbiger Schaum. Klar.
Malziger Duft mit den Noten Kaffee, Dörrfrüchte, Dattel. Angeneh-
me Kohlensäure. Auch im Geschmack vorwiegend malzig. Dörrobst-
charakter. Im Nachtrunk hopfig, lang anhaltend und harmonisch.
Ausgesprochen delikat.

Speisenempfehlungen
Kräftige Suppen Sulze Carpaccio, Kaiserschmarren mit Zwetsch-
kenkompott.

www.pelicanbrewery.com

Grauballe Bryghus A/S – Honeygold (Dänemark)

🍷 *7,0 % Vol.*

Kategorie
Specialty Honey Beer

Kostnotiz
Sieht aus wie flüssiger Honig, ockerfarben, trüb. Feinporiger Schaum. Im Duft leicht süßlich, gemahnt an eine trockene Wiese; auch brotartig. Die reintönige Honignase ist wunderschön. Gute Rezenz, angenehme Mundfülle. Entgegenkommende würzige Honignote, fruchtig am ehesten nach reifem, gelbem Pfirsich. Etwas alkoholisch und mit einer leichten Adstringenz. Sehr lang, wobei eine pikante Honignote den wohlklingenden Schlussakkord bildet.

Speisenempfehlungen
Pochierter Fisch, weißer Fleisch, Spargel Gemüse kalte Vorspeisen und Crème Brûlée

www.grauballe.bryghus.dk

Deschutes Brewery –
Imperial Stout The Abyss 2012 Reserve (USA)
 11,1 % Vol.

Kategorie
Imperial Stout

Kostnotiz
Das Bier hat eine Farbe, wie kräftiger, schwarzer Kaffee. Der Schaum erinnert an einen Espressoschaum, wie er direkt aus einer Triestiner Maschine kommt: feinporig und dunkel. IM Duft eine Fülle unterschiedlicher Aromen. Etwas rauchiges, Röstaromen, eingelegte Weichseln, Schokolade und Irish Coffee. Gute Rezenz! Schmeckt nach Röstmalz und einer 80-prozentigen Lagen-Bitterschokolade. Sehr rund – im Mund. Relativ starke Hopfennote und man spürt auch die Schwere. Natürlich unendlich lange ...

Speisenempfehlungen
Eiskaffee für Männer (Ein paar Kugeln Vanilleeis hinein!); Weiße Schokomousse. Steak, Lamm oder geräucherter Fisch.

www.deschutesbrewery.com

Brouwerij de Ryck – Arend Tripel (Belgien)
 8,0 % Vol.

Kategorie
Belgian-Style Tripel

Kostnotiz
Rostbraun mit leichter Trübung. Feinporiger, cremefarbener und dichter Schaum. Leicht alkoholische Nase, dann fruchtige Noten: Maracuja, hochreifer Pfirsich, Rumpflaume. Angenehmer Antrunk, milde Kohlensäure. Im Geschmack ebenfalls etwas alkoholisch. Das Triple schmeckt nach Birne, fruchtig, und nussig. Der Nachhall währt unendlich lange. Langanhaltende Bittere.

Speisenempfehlungen
Süßspeisen – schokoladige Kuchen oder mildes, helleres Fleisch auch Fisch – z. B. kalter Lachs.

www.brouwerijderyck.be

Il Vicino Brewing Co –
Saint Bob's Bourbon Barrel Aged Imperial Stout (USA)
ca. 9,0 % Vol.

Kategorie
Holzfassgereiftes Starkbier

Kostnotiz
Schwarz. Schon optisch cremig und ölig. Kaffeebrauner, sehr feiner Schaum. Einladender Geruch nach frischem Kaffee, dazu Barriquenoten und vielschichtige Röstaromen. Etwas Alkohol im Duft; leichte Whiskynote. Feine Rezenz, ausgewogener Antrunk. Auch der Geschmack erinnert an frisch geröstete Kaffeebohnen und etwas an Vanille. Dort finden wir ebenfalls eine leichte Whiskynote. Der Nachtrunk wirkt lang anhaltend, schier ewig mit feiner Bittere endend.

Speisenempfehlungen
Kräftiger Käse, Baklava (Tagesfrischer Jet-Direktimport aus Gaziantep!), Digestif, Zigarre.

www.ilvicino.com

Schloss Eggenberg – Samichlaus (Österreich)

🍷 *14,0 % Vol.*

Kategorie
Strong Lager

Kostnotiz
Eine Wonne schon beim Ansehen: fein glänzend, kastanienbraun. Facettenreiche Malzaromen, am Gaumen angenehm süß, leicht cremig, vollmundig, mit einem zarten schokoladigen Mandelton.

Speisenempfehlungen
Ein herrlicher Digestif. Lagenschokolade

www.schloss-eggenberg.at

Brooklyn – East India Pale Ale (USA)

🍷 *6,9 % Vol.*

Kategorie
India Pale Ale

Kostnotiz
Honiggelbes IPA englischer Art mit trockenem Malzcharakter. Die Bittere mutet eher europäisch, denn amerikanisch an. (Eher grasigkräutrig, als harzig-zitrusfruchtig). Somit dem ursprünglich englischen IPA's näher als die meisten anderen US-IPA's.

Speisenempfehlungen
Passt mit seiner Fruchtigkeit gut zu Salaten, Fisch, aber auch Braten und Würsten.

Amarcord – Ama Bionda (Italien)

6,0 % Vol.

Kategorie

Italienisches Blond

Kostnotiz

Optik: Klares Goldgelb mit feinporigem Schaum. Geruch: Frische Würzigkeit mit Zitronen- und Koriandertönen. Gaumen: Mittlerer Körper mit weicher Kohlensäure. Nachgeschmack: Säuerlich und frisch mit Zitronen und Weingartenpfirsich, zart-würzige Schärfe im Abgang.

Robinson's – Old Tom Chocolate (England)

6,0 % Vol.

Kategorie

Chocolate Old Ale

Kostnotiz

Rotbraun, feiner beigefarbener Schaum. Intensiver Kakaoduft; Trockenbirnen, Vanille, Eichenholz. Am Gaumen samtig und rund, erneut Kakao; angenehm trocken, dezente Kohlensäure. Im langen und trockenen Nachhall Schokolade, Dörrzwetschken und feine Hopfenbittere, etwas wärmender Alkohol.